A teoria das formas de governo

O livro é a porta que se abre para a realização do homem.

Jair Lot Vieira

Norberto Bobbio

A TEORIA DAS FORMAS DE GOVERNO
NA HISTÓRIA DO PENSAMENTO POLÍTICO

Tradução
Luiz Sérgio Henriques
Tradutor e um dos organizadores
das *Obras* de Antonio Gramsci.
Editor do site *Gramsci e o Brasil*
(www.gramsci.org).

© Copyright 1976, G. Giappichelli Editore, Torino

Copyright da tradução e desta edição © 2017 by Edipro Edições Profissionais Ltda.

Todos os direitos reservados. Nenhuma parte deste livro poderá ser reproduzida ou transmitida de qualquer forma ou por quaisquer meios, eletrônicos ou mecânicos, incluindo fotocópia, gravação ou qualquer sistema de armazenamento e recuperação de informações, sem permissão por escrito do editor.

Grafia conforme o novo Acordo Ortográfico da Língua Portuguesa.

1ª edição, 1ª reimpressão 2020.

Editores: Jair Lot Vieira e Maíra Lot Vieira Micales
Coordenação editorial: Fernanda Godoy Tarcinalli
Tradução: Luiz Sérgio Henriques
Editoração: Alexandre Rudyard Benevides
Revisão: Sandra Cristina Lopes Conesa
Diagramação e Arte: Karine Moreto Massoca

Dados Internacionais de Catalogação na Publicação (CIP)
(Câmara Brasileira do Livro, SP, Brasil)

Bobbio, Norberto (1909-2004)
    A teoria das formas de governo na história do pensamento político / Norberto Bobbio ; tradução Luiz Sérgio Henriques. – São Paulo : Edipro, 2017.

    Título original: La teoria delle forme di governo nella storia del pensiero politico.

    Bibliografia.
    ISBN 978-85-7283-992-1 (impresso)
    ISBN 978-85-521-0107-9 (e-pub)

    1. Ciência política 2. Estado I. Título.

16-09118   CDD-320.1

Índice para catálogo sistemático:
1. Estado : Ciência política : 320.1

São Paulo: (11) 3107-7050 • Bauru: (14) 3234-4121
www.edipro.com.br • edipro@edipro.com.br
@editoraedipro   @editoraedipro

Agradeço vivamente à doutora Adriana Pistoi, que, com anotações regulares e cuidadosas feitas em minhas aulas, me forneceu grande parte do material de que me servi para redigir estes capítulos.
Agradeço a meu assistente, doutor Michelangelo Bovero, pela contribuição dada ao esclarecimento dos conceitos expostos no curso, seja com suas lições complementares, seja com o contínuo estímulo de suas observações sobre minhas aulas.

N. B.

Sumário

Premissa | 9

Introdução | 11

Capítulo I
Uma célebre discussão | 17

Capítulo II
Platão | 23

Capítulo III
Aristóteles | 37

Capítulo IV
Políbio | 49

Capítulo V
Intermezzo | 63

Capítulo VI
Maquiavel | 71

Capítulo VII
Bodin | 87

CAPÍTULO VIII
HOBBES | 103

CAPÍTULO IX
VICO | 117

CAPÍTULO X
MONTESQUIEU | 133

CAPÍTULO XI
INTERMEZZO SOBRE O DESPOTISMO | 149

CAPÍTULO XII
HEGEL | 159

CAPÍTULO XIII
MARX | 181

CAPÍTULO XIV
INTERMEZZO SOBRE A DITADURA | 197

Premissa

O curso deste ano é dedicado às teorias das formas de governo. Já tive a oportunidade de dizer nos anos precedentes que, se uma razão de ser tem um curso de filosofia da política, distinto daqueles de história das doutrinas políticas e de ciência da política, é o estudo e a análise dos chamados "temas recorrentes". Entendo por "recorrentes" aqueles temas que foram propostos e discutidos pela maior parte dos escritores políticos (de modo particular, pelos que elaboraram ou esboçaram teorias gerais ou parciais da política) e que, portanto, constituem parte integrante de uma teoria geral da política. A investigação destes temas recorrentes tem dupla importância: por um lado, serve para identificar algumas categorias gerais (a começar pela própria categoria do "político") que permitem analisar e estabelecer os vários aspectos do fenômeno político, compará-los uns com os outros, construir sistemas conceituais mais ou menos coerentes, mais ou menos compreensivos; por outro, permite estabelecer entre as diversas teorias políticas, sustentadas até em tempos diversos, afinidades e diferenças.

Um destes temas recorrentes é a tipologia das formas de governo. Quase não existe escritor político que não tenha proposto ou defendido uma certa tipologia das formas de governo. Não preciso sublinhar a importância destas tipologias, seja porque através delas foram elaborados e repetidamente discutidos alguns conceitos gerais da política, como oligarquia, democracia, despotismo, governo misto etc., seja porque elas constituem um dos aspectos através dos quais uma teoria pode ser mais bem caracterizada e cotejada com outras teorias.

Considerando a sociedade política (numa definição provisória) como a forma mais intensa e vinculante de organização da vida coletiva, a primeira constatação que qualquer observador da vida social é induzido a fazer é que existem vários modos, conforme o lugar e o tempo, de dar forma a esta organização. A pergunta a que responde a temática das formas de governo é a seguinte: "Quais e quantos são estes modos?".

O escopo do curso deste ano é examinar algumas respostas a esta pergunta, particularmente significativas, partindo da filosofia grega para chegar até o limiar da era contemporânea. Para cada um destes períodos só serão examinados alguns autores que considero exemplares. Não preciso advertir mais uma vez que a exigência em que se inspira este curso não é histórica, mas conceitual. Como, por outro lado, não tenho ciência de que mesmo no plano histórico, isto é, do ponto de vista da história das ideias, uma análoga tentativa tenha sido alguma vez feita, a reunião do material que resultará destas lições poderá constituir instrumento de trabalho útil também para os historiadores.

Introdução

Antes de dar início à exposição e ao comentário de algumas entre as mais conhecidas teorias das formas de governo, convém fazer algumas considerações gerais sobre o tema.

A primeira consideração a fazer é que geralmente qualquer teoria das formas de governo apresenta dois aspectos: um descritivo, outro prescritivo. Em sua função descritiva, um estudo das formas de governo se resolve numa tipologia e numa classificação dos vários tipos de constituição política que de fato, isto é, na experiência histórica conhecida e analisada pelo autor, apresentam-se aos olhos do observador. O escritor político, neste caso, comporta-se como um botânico que, depois de observar e estudar atentamente certo número de plantas, divide-as segundo as diferenças ou une-as segundo as afinidades e, no fim, chega a classificá-las em certa ordem. As primeiras grandes classificações das formas de governo, como as de Platão e de Aristóteles, são deste tipo: a saber, foram deduzidas dos dados recolhidos pela observação histórica e espelham a variedade dos modos como se organizavam as cidades gregas a partir da era de Homero.

No entanto, não existe tipologia que só tenha função descritiva. À diferença do botânico, que não se coloca outro problema a não ser o da descrição e não opera nenhuma escolha entre uma e outra espécie descrita, o escritor político não se limita a descrever. Coloca-se geralmente outro problema, que é o de indicar, segundo um critério de escolha que naturalmente pode variar de autor para autor, qual das formas de governo descritas é boa, qual é má, qual melhor, qual pior e até, eventualmente, qual é a ótima, qual é a péssima. Em outras palavras, não se limita a descrever, ou seja, a expressar um juízo de fato, mas, sem se dar conta exata disso, cumpre também outra função, que é a de expressar um ou mais juízos de valor, orientar a escolha alheia – numa palavra, prescrever. Como se sabe, a propriedade de qualquer juízo de valor, com base no qual dizemos que certa coisa (uma ação, um objeto, um indivíduo, uma formação social etc.) é boa ou má, é a de expressar preferência com o escopo de modificar o comportamento alheio no sentido por nós desejado.

Posso afirmar a mesma coisa dizendo que uma tipologia pode ser empregada em dois usos diversos, que chamo, o primeiro, "sistemático", o segundo "axiológico". Uso sistemático de uma tipologia é aquele com base no qual ela é empregada com o fito de ordenar os dados recolhidos; uso axiológico é aquele pelo qual a mesma tipologia é empregada para estabelecer certa ordem de preferência, que tem por escopo suscitar nos outros uma atitude de aprovação ou de desaprovação, e, portanto, repito, orientar uma escolha.

Seria o caso de perguntar por que o escritor político (e, em geral, o cientista social) se comporta, ou melhor, pode se comportar de modo diferente do botânico (e, em geral, do cientista da natureza). O problema é muito complexo, mas se pode dar a ele uma resposta muito simples: a atitude com que o cientista social e o cientista natural se põem diante do objeto de suas pesquisas é influenciada pelo fato de que o primeiro considera poder intervir diretamente na mudança da sociedade, o segundo não considera poder intervir na mudança da natureza. O uso axiológico que faço de qualquer conceito está estreitamente ligado à ideia de que uma mudança na estrutura da realidade a que tal conceito se refere seja não só desejável, mas também possível: um juízo de valor pressupõe que as coisas que avalio também possam ser diferentes daquilo que são. Enquanto um juízo de fato não tem outra pretensão além de dar a conhecer certo estado de coisas, ao juízo de valor está ligada a pretensão de modificar o estado de coisas existente. Pode-se dizer a mesma coisa de outro modo: enquanto uma teoria sobre algum aspecto da natureza é uma teoria e ponto final, uma teoria que se refira a algum aspecto da realidade histórica e social é quase sempre também uma ideologia, isto é, um conjunto mais ou menos sistemático de valorações que devem induzir os destinatários a preferir um estado de coisas a outro. Em suma, para concluir, e para conduzir a distinção entre cientista natural e cientista social a suas últimas consequências e mostrá-la em toda a sua evidência, nenhum de nós se espanta se um pesquisador social, que, segundo o ideal científico do naturalista, deveria só descrever, explicar e eventualmente prever, apresenta um projeto de reforma da sociedade, ao passo que observaria com compreensível desconfiança um físico que lhe apresentasse um projeto de reforma da natureza.

Considero útil dizer ainda algumas coisas sobre o uso axiológico. Diante da variedade das formas de governo são possíveis três tomadas de posição: a) todas as formas existentes são boas; b) todas as formas existentes são más; c) entre as formas de governo existentes, algumas são boas, outras são más. De maneira muito geral, pode-se dizer que a primeira posição é a de uma filosofia relativista e historicista segundo a qual toda forma de governo está adaptada à situação histórica concreta que a produziu (e não poderia produzir outra diferente): na conclusão da *Ciência nova*, Vico fala de "uma eterna república natural, em cada uma de suas espécies ótima". Exemplo clássico da segunda posição veremos daqui a pouco em Platão, segundo quem todas as formas de governo reais são más por serem uma degeneração da única forma ótima, que é a ideal. A terceira posição é de longe a mais frequente: tendo sido teorizada numa obra que marcou época na história da filosofia política, na *Política*[*] de Aristóteles, podemos chamá-la aristotélica.

Ainda há necessidade de acrescentar, por outro lado, que uma axiologia em geral não se limita a distinguir entre o bom (em sentido absoluto) e o mau (em sentido absoluto), mas habitualmente também se esforça para estabelecer, através de um juízo comparativo de mais e de menos, uma hierarquia, ou melhor, uma ordem hierarquizada entre as coisas objeto de avaliação. O mesmo ocorre no uso axiológico das tipologias das formas

---

[*]   Obra publicada em *Clássicos Edipro*. (N.E.)

de governo, com a consequência de que as formas boas não são todas boas do mesmo modo, mas existem algumas que são melhores e outras que são menos boas, e igualmente nem todas as formas más são más do mesmo modo, mas existem formas piores e formas menos más. Através do juízo de valor comparativo, o resultado de uma axiologia das formas de governo termina por ser a sistematização destas numa ordem hierarquizada, que, através de uma escala de preferências, permite passar não simplesmente do bom ao mau, mas do melhor ao pior através do menos bom e do menos mau. Supérfluo observar o quanto a possibilidade de estabelecer uma escala de preferências, sobretudo quando os entes a serem ordenados são muitos, tem por efeito uma grande variedade das tipologias: duas tipologias que convergem em julgar boas certas formas e más certas outras, podem em seguida se distinguir ao estabelecer quais sejam, entre as boas, as melhores e, entre as más, as piores.

Além de um juízo de valor comparativo, uma axiologia pode também compreender juízos de valor absolutos. O que significa que uma tipologia das formas de governo pode chegar a uma tomada de posição capaz de indicar qual seja a forma ótima e qual a péssima. Não é infrequente o caso de escritores políticos que elaboraram uma teoria da ótima república ou do ótimo estado (em correlação com o péssimo). Podem-se distinguir pelo menos três modos diferentes pelos quais se elabora um modelo do ótimo estado:

a) pode-se construir um modelo de ótimo Estado através da idealização de uma forma histórica. Foi o que ocorreu, por exemplo, como veremos, com Atenas e, sobretudo, Esparta na antiguidade e não só na antiguidade; com a república romana, considerada por alguns dos maiores escritores políticos como modelo de estado, de que se tratava de descobrir o segredo da fortuna e da potência; com a república de Veneza no Renascimento e com a monarquia inglesa na época moderna. Poder-se-ia acrescentar que o primeiro estado socialista do mundo, a União Soviética, exerceu a mesma função por ser considerado estado-guia para os partidos comunistas dos estados não ainda transformados pela revolução;

b) outro modo de construir um modelo de ótima república é combinar numa síntese ideal os vários elementos positivos de todas as formas boas, de sorte a eliminar seus vícios e conservar suas virtudes. Trata-se do ideal, de que veremos muitos exemplos no curso das lições, do chamado estado misto, cuja teorização mais afortunada remonta ao historiador Políbio;

c) por fim, a construção da ótima república pode ser confiada à pura construção intelectual, completamente abstraída da realidade histórica, ou diretamente à imaginação, à visão poética, que se compraz em delinear estados ideais que jamais existiram e jamais existirão. Trata-se do pensamento utópico, que teve em todos os tempos, mas especialmente em tempos de grande crise social, seus apaixonados e inspirados criadores. Ao passo que as duas formas precedentes de ótima república são uma idealização da realidade, a utopia salta para fora da história e projeta a própria construção em lugar e tempo imaginários.

Estas observações introdutórias não estariam completas se não acenasse ao fato de que, ao lado do uso sistemático e do uso axiológico da tipologia das formas de governo, estas podem ter, e de fato tiveram, outro emprego que chamo "uso histórico". Entendo por "uso histórico" o uso que de uma tipologia das formas de governo alguns autores fizeram para esboçar uma autêntica filosofia da história, isto é, em palavras mais pobres, para traçar as linhas do desenvolvimento histórico, o qual procederia segundo um esquema, que naturalmente varia nos diversos autores, de uma forma de governo a outra. Com esta consequência: a de que as várias formas de governo não são apenas modos diversos de organizar a vida política de um grupo social, mas também são etapas ou momentos diversos e sucessivos, geralmente um concatenado ao outro, um descendente por desenvolvimento interno do outro, do processo histórico. Como veremos, na antiguidade clássica uma teoria das formas de governo muitas vezes se resolve, ainda que de modo mais ou menos mecânico, numa concepção cíclica da história, isto é, numa concepção da história segundo a qual uma forma de governo se dissolve para transmudar-se em outra e assim dar lugar a uma série de etapas de desenvolvimento ou de decadência que representam o curso fatal das vicissitudes humanas. Exemplo surpreendente do uso histórico de uma teoria das formas de governo, ou melhor, da transformação de uso sistemático em uso histórico da mesma tipologia nos será fornecido por Hegel, o qual assume a célebre tripartição das formas de governo elaborada por Montesquieu, monarquia, república, despotismo, e faz dela os três momentos fundamentais do desenvolvimento histórico, considerando o despotismo como a forma de governo típica do mundo oriental, a república do mundo romano, a monarquia do mundo moderno.

Deve-se acrescentar que geralmente no uso histórico de uma tipologia não é de modo algum irrelevante a distinção entre formas boas e formas más, porque a forma má como degeneração da forma boa abre passagem para a nova forma boa, a qual, por sua vez, corrompendo-se, cria as condições para uma mudança ulterior. Quando a monarquia, que é a forma boa, degrada-se em tirania, que é a forma má, nasce como reação a aristocracia, que é por sua vez uma forma boa, a qual, degradando-se em oligarquia, gera a democracia e assim por diante. Em substância, a forma má funciona como fase de passagem obrigatória de uma forma para outra e, portanto, tem função positiva (apesar de sua negatividade substancial), não em si mesma, mas considerada como momento de uma totalidade. Aqui só menciono o problema, mas também se poderia dizer que, quando uma tipologia é usada historicamente, isto é, para traçar as linhas de uma filosofia da história, readquire função meramente descritiva, perdendo qualquer caráter prescritivo. Ou seja, quando o que é axiologicamente negativo se transforma em algo historicamente necessário, o juízo de realidade sobrepuja o juízo de valor.

Capítulo I
Uma célebre discussão

Uma história, como a que estamos traçando, das tipologias das formas de governo pode ser datada de uma discussão referida por Heródoto em sua *História* (Livro III, §§ 80-82), desenvolvida entre três personagens persas, Otanes, Megabizo e Dario, sobre a melhor forma de governo a ser instaurada na Pérsia depois da morte de Cambises. Este episódio, puramente imaginário, teria ocorrido na segunda metade do século VI antes de Cristo; mas o narrador, Heródoto, escreve sua *História* no século seguinte. De todo modo, o que importa destacar é quão avançada já estava a reflexão dos gregos sobre as coisas da política um século antes das grandes sistematizações teóricas de Platão e Aristóteles (que pertencem ao século IV). O trecho é verdadeiramente exemplar, porque, como veremos, cada um dos três personagens se apresenta como defensor de uma das três formas de governo, que podemos chamar "clássicas", não só porque nos foram transmitidas pelos escritores clássicos, mas porque se tornaram verdadeiras categorias da reflexão política de todos os tempos (e, portanto, por clássicas são também modernas). Estas três formas de governo são: o governo dos muitos, dos poucos e de um, ou seja, democracia, aristocracia e monarquia, mesmo que no trecho em questão ainda não sejam empregados todos os termos com que estas três formas de governo serão legadas à tradição que durou até nossos dias. Dada a exemplaridade do trecho, e sua brevidade, convém transcrevê-lo por inteiro:

> Cinco dias depois que os ânimos se serenaram, aqueles que se haviam rebelado contra os Magos avaliaram a situação: os discursos que foram pronunciados naquela circunstância poderiam parecer inacreditáveis a alguns Gregos, mas foram efetivamente pronunciados.
>
> Otanes propôs devolver o poder ao povo persa e assim justificou sua proposta: "Meu parecer é que nenhum de nós deve mais ser feito monarca: seria uma coisa desagradável e injusta. Os senhores viram até onde chegou a prepotência de Cambises e depois sofreram também a do Mago. E como poderia não ser desregrado o governo monárquico, se ao monarca é lícito fazer o que quer sem responder a ninguém? A monarquia faria até o melhor dos homens sair de sua norma natural, no momento em que tivesse tal poder. Da posse de grandes riquezas nele se gera a prepotência, e a inveja lhe é inata. Tendo estes dois defeitos, toda maldade nele reside: de fato, cumpre as ações mais reprováveis, umas ditadas pela prepotência, outras pela inveja. Pareceria razoável que o monarca-tirano fosse homem sem inveja, uma vez que tem tudo: em vez disso, em relação aos súditos ele demonstra o contrário. Inveja os poucos bons que restaram, compraz-se com os piores, presta grande atenção às calúnias. A coisa mais vergonhosa é esta: se alguém lhe rende homenagem com moderação, enraivece-se porque não foi suficientemente venerado e, se alguém o venera sem moderação, enraivece-se porque foi adulado. Mas agora direi o que é mais grave: o monarca subverte as leis pátrias, violenta as mulheres, manda matar por capricho.
>
> Ao contrário, o governo do povo carrega, antes de mais nada, o mais belo dos nomes, *isonomia*, e não faz nada daquilo que faz o monarca: por sorteio se exercem os cargos públicos, os magistrados são obrigados a prestar contas do exercício do poder, toda decisão é submetida ao voto popular. Proponho, portanto, que refutemos a monarquia, para elevar o povo ao poder: tudo é possível para a maioria (o maior número)."
>
> Otanes deu este parecer; no entanto, Megabizo aconselhou que se confiasse num governo oligárquico: "O que Otanes disse no sentido de abolir a monarquia deve-se entender como dito também por mim; mas, quanto a conferir o poder ao povo, ele não deu o conselho mais justo. Obtusa e prepotente é a massa inepta, como ninguém mais. De modo algum é tolerável que, para escapar à prepotência de um tirano, deva-se cair sob a da plebe intemperante. O tirano, se faz algo, o faz conscientemente; a plebe sequer tem a

possibilidade de ser consciente do que faz. E como poderia, se jamais aprendeu nada de bom e de útil, e nada disso conhece, mas, tal como um rio na cheia, arrasta indistintamente tudo o que se encontra em seu caminho? Que adotem o partido democrático aqueles que querem o mal para os Persas; em vez disso, escolhido um grupo de homens entre os melhores, dar-lhes-emos o poder: nós mesmos estaremos entre eles. E é natural que dos melhores homens saiam as melhores decisões".

Megabizo deu este parecer. Dario foi o terceiro a manifestar a própria opinião: "O que disse Megabizo sobre o governo popular me parece justo, não o que disse sobre a oligarquia. Das três formas de governo propostas, e todas, digo, consideradas em seu estado mais perfeito, isto é, a melhor democracia, a melhor oligarquia e a melhor monarquia, afirmo que de longe é superior a monarquia. Não pode haver nada melhor do que o governo de um só homem, quando este homem é o melhor. Com seu discernimento governaria o povo de modo irrepreensível e como nenhum outro saberia manter em segredo, diante dos adversários, os planos políticos.

Numa oligarquia, entre os que praticam a virtude em função do bem público é fácil nascer graves inimizades pessoais: cada um deles quer ser o chefe e fazer prevalecer as próprias opiniões, por isso chegam a odiar-se reciprocamente: daí nascem as facções, e das facções o delito. Do delito se chega à monarquia, que, por isso, demonstra-se o governo melhor.

Por outro lado, quando é o povo que governa, é impossível que não nasça a corrupção na esfera pública; ela não gera inimizades, mas, antes, sólidas amizades entre os maus: os que agem contra o bem comum fazem-no conspirando. É o que sucede até que alguém se torna defensor do povo e põe fim a suas tramas. Ele toma o lugar dos outros na admiração do povo e, admirado acima dos outros, surge como monarca. Também disso fica claro que a monarquia é a melhor forma de governo.

Em resumo, e para dizer tudo em poucas palavras: de onde nos veio a liberdade e quem no-la deu? O povo, uma oligarquia ou um monarca? Portanto, considero que nós, livres por obra de um só homem, devemos manter o regime monárquico e, além disso, conservar nossas boas instituições pátrias: não há nada melhor." (Trad. M. Bovero)

O trecho é tão claro que não requer muitos comentários. A observação mais interessante a fazer é que cada um dos três interlocutores, ao dar um juízo positivo sobre uma das três constituições, também dá um juízo negativo sobre as outras duas: mais precisamente, Otanes, defensor do governo do povo (que não é chamado "democracia", a qual, como veremos, em geral tem nos grandes pensadores políticos significado negativo, isto é, de mau e não de bom governo), condena a monarquia. Megabizo, defensor da aristocracia, condena tanto o governo de um quanto o governo do povo. Por fim, Dario, defensor da monarquia, condena tanto o governo do povo quanto o governo de poucos (para o qual usa o termo destinado a se tornar de uso comum para indicar o governo de poucos em sua forma negativa, isto é, oligarquia). Como notaram intérpretes precedentes, o fato de que toda constituição seja apresentada, em cada caso, como boa por quem a sustenta e como má por quem sustenta uma das duas outras tem por efeito que no debate já está bem presente a classificação completa, tal como será dada pelos pensadores sucessivos, segundo a qual as constituições não são três, mas seis, porque às três boas correspondem respectivamente três más. A diferença com que as seis constituições são apresentadas no debate de Heródoto e nas classificações seguintes (como a aristotélica) reside em que no debate, que é um discurso de tipo prescritivo (ver a Introdução), a toda constituição proposta como boa correspondem as outras duas constituições em sua forma má, ao passo que em Aristóteles, por se desenvolver um discurso meramente descritivo, a toda constituição boa corresponde a mesma constituição em sua forma má. Esta diferença pode ser esclarecida pelos dois esquemas seguintes:

	HERÓDOTO		
	Monarquia	Aristocracia	Democracia
Otanes	–	–	+
Megabizo	–	+	–
Dario	+	–	–

ARISTÓTELES		
Monarquia	+	–
Aristocracia	+	–
Democracia	+	–

Convém dizer neste ponto, de uma vez para sempre, que a classificação com seis constituições (das quais três boas e três más) deriva do cruzamento de dois critérios de classificação, um correspondente à pergunta: "*Quem* governa" e o outro correspondente à pergunta: "*Como* governa?" (e, naturalmente, como governa aquele ou aqueles respectivamente designados pela resposta à pergunta "Quem?"). Como se pode ver no esquema seguinte (em que se emprega a terminologia usada por Políbio):

		como?	
		bem	mal
	um	monarquia	tirania
quem?	poucos	aristocracia	oligarquia
	muitos	democracia	oclocracia

Não é sem interesse também considerar brevemente os argumentos respectivamente adotados pelos três interlocutores para exaltar uma constituição e denegrir as outras duas, porque alguns dos argumentos aduzidos são, de modo surpreendente, uma manifestação daqueles "temas recorrentes" sobre os quais quis chamar a atenção desde as primeiras linhas do curso. O contraste entre monarquia considerada em seu aspecto negativo (isto é, como tirania) e governo do povo, tal como apresentado por Otanes, é o contraste entre governo irresponsável e, pois, naturalmente arbitrário ("ao monarca é lícito fazer o que quer sem responder a ninguém") e governo baseado na igualdade diante das leis ("o mais belo dos nomes, *isonomia*") e no controle do povo ("toda decisão é submetida ao voto popular") e, pois, nem irresponsável nem arbitrário. Ao tirano, ademais, atribuem-se alguns vícios, como a "prepotência", a "inveja" e a "irascibilidade", que constituem exemplo já bastante perspicaz de uma fenomenologia da tirania que chega, com diferentes variações sobre o tema, até nossos dias. E mais: enquanto a tirania é caracterizada por atributos psicológicos, o governo do povo é caracterizado, sobretudo, por um instituto, o sorteio dos cargos: este instituto repousa no pressuposto da absoluta igualdade dos sujeitos, motivo pelo qual desde o início, como se vê, e se verá sempre melhor na sequência, os dois conceitos de governo popular e de igualdade remetem um ao outro. De fato, só caso se pressuponha a igualdade dos sujeitos, o sorteio não é um procedimento arbitrário, no sentido de que, se os sujeitos são iguais, significa que um vale tanto quanto o outro e, portanto, qualquer que seja o sujeito sobre o qual recaia a escolha da sorte, o resultado não muda.

Quanto às considerações de Megabizo, deve-se observar que o governo popular também é caracterizado com atributos psicológicos ("intemperante"). Mas mais interessante é que, dos dois governos refutados, um (o governo popular) é julgado pior do que o outro (o governo monárquico); este confronto nos oferece um exemplo bastante claro daquela gradação das constituições no bem e no mal, de que se falou na Introdução (não existem só governos bons e maus, mas governos que são melhores ou piores do que outros). O que falta na análise de Megabizo é uma caracterização específica do governo proposto como melhor, à diferença do que pouco antes notamos no discurso de Otanes, em que o governo popular é caracterizado por meio da indicação de um instituto próprio, como o sorteio. A propósito do governo de poucos, seu defensor se limita a dizer, com autêntica petição de princípio, que "dos melhores homens saem as melhores decisões".

No discurso de Dario desponta pela primeira vez a condenação do governo de poucos, porque Otanes critica o governo tirânico, mas não o oligárquico, e Megabizo considera o governo de poucos como o melhor. O ponto crítico da oligarquia é a facilidade com que o grupo dirigente se cinde em facções contrapostas, isto é, a falta de uma direção única, necessária à unidade do estado. Em vez disso, o ponto crítico do governo popular é exatamente o oposto: não a discórdia dos bons, mas o acordo dos maus (as "sólidas amizades entre os maus"). Não a cisão do que deveria estar unido, mas a conspiração dos que deveriam estar divididos. Ainda que por razões opostas, tanto o governo de poucos quanto o governo de muitos são maus. Mas, justamente por causa de sua corrupção, eles geram, por contraste, a única forma de governo boa, que é a monarquia, a qual, portanto, não é só melhor do que as outras constituições em abstrato, mas também, por efeito da corrupção das outras duas, necessária e, pois, inevitável. Deve-se ter presente o argumento de Dario em favor da monarquia: a superioridade da monarquia sobre as outras constituições decorre do fato de que ela obedece a uma necessidade histórica e é a única capaz de assegurar a *estabilidade* do poder. Não é sem importância que deparemos desde o início com o tema da "estabilidade", porque, como veremos, a capacidade de uma constituição durar no tempo, de não ser suscetível a corromper-se, a degradar-se, a inverter-se na constituição contrária, é um dos principais, se não o principal, critérios que se empregam para distinguir entre constituições boas e más.

Capítulo II

Platão

Várias são as obras nas quais Platão (428-347 a.C.) fala das diversas formas de constituição, mas delas trata em particular nos três diálogos *A República**, *O Político* e *As Leis**. Aqui me detenho de modo especial na análise feita em *A República*, que dedica a nosso tema dois livros, o oitavo e o nono, e termino com um aceno a *O Político*.

O diálogo *A República*, como todos sabem, é uma descrição da república ideal, que tem por fim a realização da justiça entendida como a atribuição a cada qual da tarefa que lhe compete segundo as próprias aptidões. Ela consiste numa composição harmoniosa e ordenada de três classes de homens, os governantes-filósofos, os guerreiros e os encarregados dos trabalhos produtivos. Mas este estado até agora não existiu em lugar algum, como confidenciam dois interlocutores no fim do livro décimo:

– Compreendo, falas daquele estado que fundamos e discutimos e que não tem realidade fora de nossos discursos: que não creio, aqui na Terra, se encontre em algum lugar.

---

*. Obras publicadas em *Clássicos Edipro*. (N.E.)

– Mas talvez no céu haja um exemplo, para quem quiser vê-lo e a ele se conformar ao governar a si mesmo. (592b)

Os únicos estados que existem, os estados reais, estão todos corrompidos, ainda que em diferente medida. Enquanto o estado ótimo é um só, e só pode ser um só porque uma só pode ser a constituição perfeita, os estados maus são muitos, segundo o princípio afirmado num trecho do diálogo de que "uma só é a forma da virtude, ao passo que infinitas são as do vício" (445c). Daí se segue que a tipologia das formas de governo em *A República*, em contraste com o que até agora aprendemos na primeira discussão sobre o tema, é uma tipologia de formas todas más, ainda que nem todas igualmente más, e nenhuma boa. Enquanto no diálogo de Heródoto tanto as formas boas quanto as más são, segundo os diversos pontos de vista dos três interlocutores, formas históricas e, portanto, realizáveis, em *A República* as formas históricas, em que Platão se detém longamente no livro oitavo, são más, justamente pelo fato de não serem conformes, como formas históricas, à constituição ideal. A única forma boa está, pelo menos até agora, além da história. E mais: como veremos melhor em seguida, a ideia dominante de Aristóteles a Políbio é que a história seja uma contínua sucessão de formas boas e de formas más, segundo o esquema seguinte:

Para Platão, ao contrário, na história só se sucedem formas más umas às outras e, como veremos, cada qual pior do que a outra. A constituição boa não entra nesta sucessão, está à parte, como modelo, não importa se como princípio ou como fim. Pode-se representar a ideia deste modo:

+] – – – – [+

De todo modo, resta que Platão, como todos os grandes conservadores, que têm um olho sempre benévolo para o passado e outro pleno de espanto para o futuro, tem uma concepção pessimista (terrorista, dirá

Kant) da história. A história não como progresso indefinido, mas, ao contrário, como regresso definido; não como progresso do bem para o melhor, mas como regresso do mal para o pior. Tendo vivido numa época de decadência da gloriosa democracia ateniense, Platão antes perscruta, analisa, denuncia os fenômenos de degradação da pólis do que aqueles de seu esplendor. Ele também é, mais uma vez como todos os grandes conservadores, historiador (e moralista) mais da decadência das nações do que de sua grandeza. Diante da contínua degradação da história, a via de saída só pode estar fora da história, através de um processo de sublimação, que representa, em relação ao que acontece de fato na história, uma mutação radical (tão radical que levanta a suspeita de que a história não seja capaz de recebê-la e suportá-la).

As constituições corrompidas que Platão examina detidamente no livro oitavo são, em ordem decrescente, estas quatro: timocracia, oligarquia, democracia, tirania. Evidencia-se logo desta enumeração que faltam duas das formas tradicionais, monarquia e aristocracia. Mas num trecho que convém citar imediatamente, estas duas formas são atribuídas indiferentemente à constituição ideal:

– Digo que uma das formas de governo é exatamente a forma que examinamos [isto é, a constituição ideal] e que poderíamos chamar por dois nomes: se entre todos os governantes um tem o comando sobre os outros, poderíamos chamá-la monarquia; se o comando estiver nas mãos de mais pessoas, aristocracia.

– É verdade.

– Portanto, digo que estes dois aspectos constituem uma forma única: tanto faz que muitos ou um só estejam no comando, já que nada mudaria nas leis fundamentais do estado, uma vez treinados e educados da maneira que dissemos. (445d)

Em substância, também para Platão as formas de governo são seis, mas, destas, duas estão reservadas para designar a constituição ideal, quatro para designar as formas reais que se afastam em maior ou menor medida daquela ideal. Destas quatro constituições corrompidas, a segunda, a terceira e a quarta correspondem exatamente às formas corrompidas das tipologias tradicionais, sendo a oligarquia a forma corrompida da aristocracia, a democracia da "politeia", como Aristóteles chamará o governo do povo em sua forma não corrompida, a tirania da monarquia. A timocracia (de *timé*, que significa honra) é uma forma introduzida por Platão para designar uma forma de transição entre a constituição ideal e as três tradicionais formas más. "Não será talvez esta [isto é, exatamente a timocracia] – pergunta-se numa passagem – uma forma de governo que está entre a aristocracia e a oligarquia?" (547c) Na realidade histórica do tempo, a timocracia está representada em particular pelo governo de Esparta, de que Platão foi admirador e que tomou como modelo para a descrição de sua república ideal. Sem dúvida, o governo timocrático de Esparta é o mais próximo da constituição ideal: seu vício e, portanto, seu elemento de corrupção reside em honrar mais os guerreiros do que os sábios (547e). Outra observação a fazer é esta: enquanto nas tipologias tradicionais, que veremos, as seis formas se alternam, no sentido de que à boa sucede a má correspondente, na representação platônica, uma vez posta a forma ideal, que no livro oitavo é assimilada à aristocracia, seguem-se as outras quatro formas degeneradas em momentos descendentes, de sorte que não há alternância, mas só contínuo, gradual, necessário movimento de cima para baixo, para cada vez mais baixo, até o grau ínfimo que constitui o último elo da cadeia. Nas figurações tradicionais, o ritmo é de subida e descida. Na figuração platônica, o movimento é só descendente. A timocracia é a degeneração da aristocracia, pressuposta como a forma perfeita, descrita no estado ideal; a oligarquia é a degeneração da timocracia e assim por diante. A tirania é a forma ínfima, com a qual a degradação toca o fundo. Platão não diz se e como exista uma nova subida. É possível transformar o tirano em rei-filósofo? É o que o próprio Platão tentou em suas estadas em Siracusa, em contato com os tiranos do lugar. Mas sua iniciativa, tantas vezes tentada, fracassou.

Assim Platão introduz o discurso sobre as quatro formas corrompidas:

> As constituições de que falo e que têm um próprio nome são, antes de tudo, a que vem celebrada por muitos, isto é, a de Creta e de Esparta [é a forma timocrática]; em segundo lugar, e em segundo celebrada, a forma que se diz oligarquia, governo repleto de infinitos males; vem em seguida, oposta à precedente forma, a democracia; por fim, a soberba tirania, bem distante de todas as outras, quarta e extrema gangrena do estado. (544c)

Para caracterizá-las, Platão especifica as características morais (isto é, vícios e virtudes) das respectivas classes dirigentes. Recordemos que a primeira distinção entre as formas de governo nasce da resposta à pergunta: "Quem governa?". Em virtude deste critério de distinção, a resposta de Platão é que na aristocracia governa o homem aristocrático, na timocracia o homem timocrático, na oligarquia o homem oligárquico e assim por diante:

– Já examinamos o homem conforme à aristocracia e não por acaso dissemos que é bom e justo.

– Já o examinamos.

– E não te parece que agora convenha passar em revista os tipos inferiores, isto é, o tipo do homem prepotente e ambicioso, que poderíamos dizer correspondente à constituição espartana, em seguida o oligárquico, o democrático e o tirânico, de modo que, compreendido qual é o tipo mais distante da justiça, possamos opô-lo ao que é mais justo? (545a)

Cada um destes homens, que representa um tipo de classe dirigente e, portanto, uma forma de governo, é retratado com grande eficácia através da descrição de sua paixão dominante, que para o timocrático é a ambição, o desejo de honra, para o oligárquico a avidez de riqueza, para o democrático o desejo imoderado de liberdade (que se torna dissolução), para o tirânico a violência. Transcrevo alguns trechos destes retratos:

O homem timocrático
Tal homem é duro com os servos, mas destes nem mesmo se dá conta, como, ao contrário, acontece com quem recebeu uma educação perfeita; é cordial com os homens livres e inteiramente submisso às autoridades, desejoso do comando, amante das honras, aspirando, no entanto, a comandar não em virtude da própria palavra ou qualquer outra virtude do gênero, mas das próprias atividades bélicas, do próprio talento militar; e terá, da mesma forma, a paixão da ginástica e da caça. (549a)

O homem oligárquico
– Quanto mais se volta para acumular dinheiro e quanto mais o honra, menos respeita a virtude. Ou não será talvez verdade que entre a virtude e a riqueza haja esta diferença pela qual, postas cada uma delas nos dois pratos da balança, uma pesa sempre em sentido contrário ao da outra?

— Exatamente assim.
— Portanto, se a riqueza e os ricos são honrados num estado, na mesma medida a virtude e os homens virtuosos são desprezados.
— Está claro.
— Por outro lado, pratica-se sempre o que se valoriza, enquanto o que se despreza é posto de lado.
— Exato.
— E assim, de homens desejosos de supremacia e honra, que eram, terminam por ser cúpidos e avaros traficantes de riquezas, aplaudem e admiram o rico, ao rico oferecem os mais altos cargos de governo, enquanto desprezam o pobre. (550 e 551a)

O homem democrático
— Mas como é que estes se governam, qual a característica deste governo? E, evidentemente, o homem que a ele se assemelha deverá ser o homem democrático.
— Evidentemente.
— E, antes de mais nada, não serão livres, e não será pleno de liberdade o estado, liberdade de palavra, permissão para todos fazerem o que lhes aprouver?
— Pelo menos é o que se diz.
— E, em todo lugar onde tudo é lícito, não está claro que cada qual pode construir um próprio tipo de vida pessoal, tal como achar melhor? (557b)

O homem tirânico
[...] o chefe do povo, vendo que a multidão está pronta para obedecer, não sabe abster-se de derramar o sangue da cidade; mas, sob falsas imputações, precisamente como é costume entre seus iguais, arrastando os homens até os tribunais, mancha-se de crime, tirando-lhes a vida, e saboreia com a língua e os lábios celerados o sangue do próximo, e manda outros para o exílio, outros mais para a morte, enquanto, por outro lado, deixa entrever a remissão das dívidas e uma nova repartição das terras; não será talvez necessário e até fatal, para tal homem, morrer nas mãos dos próprios inimigos ou tornar-se tirano e de homem transformar-se em lobo? (565e)

Como e por que ocorre a passagem de uma para outra constituição? Para descrever a mudança, Platão dá particular relevo à sucessão de gerações. A passagem de uma constituição a outra parece coincidir com a passagem de uma geração a outra. A mutação, pois, não só é necessária, e em certo sentido fatal, mas também muito rápida. Ela parece ser a necessária, logo fatal, consequência da rebelião do filho contra o pai e da mudança de costumes que daí deriva (mudança, observe-se, que é contínua piora), especialmente na passagem da aristocracia à timocracia e da timocracia à oligarquia. Dou aqui em seguida um exemplo desta análise geracional (trata-se da passagem do pai timocrático ao filho oligárquico):

– O filho de um timocrático começa por emular o pai e seguir-lhe os passos. Então, vê que o pai subitamente se choca contra o estado como contra um rochedo e tudo perde, a si mesmo e aos próprios haveres; pode ter estado na função de comandante supremo do exército ou no exercício de algum importante cargo dirigente, mas termina processado, arruinado por delatores e assim condenado à morte ou ao exílio, à perda de seus direitos públicos, de seus bens...

– Isso é comum.

– Precisamente, meu amigo, ao ver estas coisas e sofrê-las, ao perder tudo, ele se enche de medo e, acredito, imediatamente, precipitadamente derruba tal ambição e orgulho do trono que ocupavam antes em sua alma; e assim, humilhado pela pobreza, volta-se para amealhar dinheiro e, à força de trabalho e economia, pouco a pouco junta nova riqueza. Não crês que ele, chegado a este ponto, colocará naquele trono o espírito de cupidez e avareza a ponto de elevá-lo a grande rei de sua alma, cingindo-o com a tiara, o colar e a cimitarra? (553b-c)

Quanto à razão pela qual ocorre a mudança, deve ser buscada sobretudo na corrupção do princípio em que todo governo se inspira. Para uma ética como a grega, acolhida e propugnada por Platão, do "justo meio", a corrupção de um princípio reside em seu *excesso*. A honra do homem timocrático se corrompe quando se transforma em ambição imoderada e gana de poder. A riqueza do oligárquico, quando se torna avidez, avareza, ostentação escancarada de bens que suscita a inveja e a revolta dos pobres. A liberdade do democrático, quando se torna licenciosidade, crença de que tudo é lícito, toda regra pode ser impunemente transgredida. O poder do tirano, quando se transforma em puro arbítrio e violência como fim em si mesma. Sobre este tema basta transcrever uma página famosa (a propósito da corrupção da democracia):

– Qual é o bem que diz propor-se a democracia?

– A liberdade. E é precisamente a liberdade que, num estado dirigido democraticamente, ouvirás proclamar como o maior bem que ele possui e

que, por esta razão, só neste estado pode viver quem seja livre por temperamento.
– E, de fato, muitas vezes se ouve repetir tal discurso.
– Era exatamente isso que te queria dizer. Não será o insaciável desejo deste bem, pelo qual todo o resto é posto de lado, a determinar que também esta forma de governo se deforma, preparando-se assim a necessidade da tirania?
– De que modo?
– Considero que, quando um estado democrático com sede de liberdade está à mercê de maus servidores de vinho e se embriaga desta liberdade, bebendo-a além da medida justa, se aqueles que estão no governo não forem extremamente complacentes e não permitirem a mais absoluta liberdade, o povo colocará tais governantes sob acusação e os punirá como traidores e oligarcas.
– É exatamente o que faz.
– E os cidadãos que obedecem às autoridades constituídas são ultrajados e tratados como escravos voluntários e inúteis; ao contrário, louvados e honrados, tanto privada quanto publicamente, são aqueles magistrados que parecem iguais aos cidadãos e aqueles cidadãos que parecem magistrados. Não é inevitável, pois, que em tal estado o espírito de liberdade sobreleve a tudo?
– Claro, como não?
– E que se insinue, caro amigo, na intimidade das famílias e que, por fim, a anarquia se estenda até os animais?
– O que queres dizer?
– O pai, por exemplo, adquire o hábito de se comportar como o filho e temer os filhos, o filho se comporta como o pai, tanto que não mais respeita nem teme os próprios genitores, exatamente por ser livre; e os metecos se equiparam aos cidadãos, os cidadãos aos metecos, e assim fazem até os estrangeiros.
– É isso mesmo que acontece.
– Isso e outros pequenos abusos: em tal estado, o mestre teme e adula os próprios discípulos, os discípulos desprezam os mestres tal como desprezam os pedagogos; numa só palavra, os jovens se colocam em pé de igualdade com os velhos, em palavras e atos. Por sua vez, os velhos se mostram cheios de condescendência com os jovens, comportam-se como jovens para não parecerem intolerantes e déspoticos. (562c-e–563a-b)

Como se manifesta a corrupção do estado? Manifesta-se essencialmente na discórdia. O tema da discórdia como causa de dissolução do estado é um dos grandes temas da filosofia política de todos os tempos. Tema extremamente recorrente. Sobretudo para a reflexão política que observa os problemas do estado não *ex parte populi* (porque deste ponto de vista o problema de fundo é o da liberdade), mas *ex parte principis*, isto é, do ponto de vista daqueles que detêm o poder e têm a tarefa de conservá-lo. Para aqueles que veem o problema político *ex parte principis*, e Platão é certamente um destes, e talvez dos maiores, o tema fundamental não é o da liberdade (do indivíduo em face do estado), mas o da unidade (do estado em face do indivíduo). Se a unidade do estado é o bem primário, a discórdia é o mal: a discórdia é o princípio da desagregação da unidade. Da discórdia nascem os males da fragmentação do conjunto social, a cisão em partes adversárias, o choque das facções e, por fim, o maior dos males, a anarquia, que é o fim do estado ou a situação mais favorável à constituição do pior de todos os governos, a tirania. O tema da discórdia como desdita, como doença do estado (a corrupção do estado muitas vezes é comparada à doença do corpo por causa da contínua analogia que Platão institui entre o corpo do indivíduo e o corpo do estado) é frequente:

– Tentemos explicar como é que da aristocracia pode surgir a timocracia; antes de mais nada, uma verdade indiscutível: toda forma estatal se transforma por causa daqueles mesmos que seguram as rédeas, quando entre eles nasce a discórdia; mas, enquanto mantêm a harmonia, mesmo que sejam poucos, ela resta necessariamente inalterada. (545d)

Mas, observando-se bem, existem duas formas de discórdia que conduzem a cidade à ruína: uma é a discórdia dentro da própria classe dirigente, outra é a discórdia entre classe dirigente e classe dirigida, entre governantes e governados. Na descrição platônica das formas corrompidas de convivência política, podem-se entrever ambas. Na passagem da aristocracia à timocracia, e da timocracia à oligarquia, a discórdia destrutiva é do primeiro tipo; ao contrário, na passagem da oligarquia à democracia, é do segundo tipo. As primeiras duas passagens, de fato, são internas às classes dirigentes; a terceira é a passagem do poder de uma classe a outra, com a terminologia antiga (que, de resto, dura até Rousseau), do domínio dos ricos ao domínio dos pobres.

Sabe-se bem o quanto a teoria platônica do estado como um homem ampliado deve à teoria do homem em geral. A filosofia platônica é um exemplo ilustre, um autêntico arquétipo da teoria orgânica da sociedade, isto é, da teoria pela qual a sociedade (ou o estado) é concebida como verdadeiro organismo à imagem e semelhança do organismo humano. Tal como, na república ideal, às três classes que compõem organicamente o estado correspondem as três almas individuais, a racional, a passional e a apetitiva, assim também as formas de governo podem ser distinguidas com base na diferente alma que as sustenta. Sobre este tema só existem alguns acenos. Mas, se não há dúvida de que a constituição ideal é dominada pela alma racional, é também indiscutível que a timocrática, que exalta o guerreiro acima do sábio, é dominada pela alma passional. As outras três formas são dominadas pela alma apetitiva: o homem oligárquico, o democrático e o tirânico são, todos os três, ainda que de modo diferente, ávidos de bens materiais, estão todos voltados para a terra. O trecho mais notável em que se vê emergir o critério de distinção das várias formas com base nas diversas almas é aquele em que se descreve o nascimento do homem timocrático a partir do filho rebelde do homem aristocrático:

> Nosso jovem, então, que escuta e vê tudo isso, e, por outro lado, escuta os discursos de seu pai, vendo a conduta deste, compara-a com a dos outros, sente-se atraído por uma parte e outra, pelo pai que rega e cultiva o que em sua alma é o aspecto racional, pelos demais que regam e cultivam o aspecto concupiscível e impulsivo; e, não sendo mau por natureza, mas tendo frequentado más companhias, atraído por uma e outra parte, em si mesmo constitui um caráter médio e à parte intermediária da alma, prepotente e ambiciosa, confia o governo de si mesmo, tornando-se um homem arrogante e desejoso de honrarias. (550a-b)

Também sob este aspecto a timocracia surge como forma qualitativamente diferente das outras, autêntica forma intermediária entre a perfeita e as mais imperfeitas. Mesmo não sendo perfeita, é menos imperfeita do que as que a seguem. Com relação às partes da alma, as três últimas pertencem à mesma espécie, enquanto a timocrática pertence a uma espécie diversa: neste sentido, a diferença entre esta e aquelas é não só de grau, mas de qualidade.

Quanto às três últimas, o critério de distinção a que recorre Platão está baseado na diferença entre vários tipos de carecimentos ou de desejos (o termo grego é *epithumia*), que em cada uma delas é predominantemente satisfeito. Três são as espécies de carecimentos: necessários, supérfluos e ilícitos. O homem oligárquico é caracterizado por tender à satisfação de carecimentos necessários, o democrático de supérfluos, o tirânico de ilícitos. Assim Platão define os primeiros dois tipos:

> Justo é chamar necessários os desejos que não é possível eliminar e todos os que nos convém satisfazer, uma vez que ambas estas inclinações se devem à própria necessidade natural. [...] Quanto àqueles de que podemos nos livrar, se ficarmos atentos desde jovens, ou que, enquanto estiverem em nós, não nos trazem nenhum bem, quando não nos fazem mal, se chamássemos todos estes desejos de supérfluos não teríamos usado uma expressão exata? (558d-e–559a)

Seguem-se exemplos: alimentar-se é necessário; alimentar-se de modo refinado, supérfluo. Os carecimentos ilícitos são uma especificação dos não necessários e são próprios do tirano, ainda que todo homem seja assediado por eles (mas podem ser extirpados com a educação). A diferença entre o homem normal e o tirano é que estes desejos ilícitos (ou "violentos", ou "tumultuosos", como são chamados) turvam o primeiro no sono e avassalam o segundo em vigília.

A República é a descrição da ótima constituição, enquanto *O Político* é a busca, o estudo e a descrição do ótimo governante, o rei-filósofo, aquele que possui a ciência do bom governo. Aqui só nos interessa um trecho em que Platão expõe suas ideias sobre as formas de governo. Como o trecho é breve, transcrevemo-lo por inteiro:

– A monarquia não será uma de nossas constituições políticas?
– Certamente.
– E depois da monarquia pode-se citar, diria, o domínio de poucos.
– Sem dúvida.
– Não crês que o terceiro tipo de governo seja o governo do número, a chamada democracia?
– Exatamente.
– Ora, posto que são três, não se tornarão cinco, gerando de seu seio outros dois nomes?

– Quais?

– Observando o caráter violento ou voluntário, a pobreza e a riqueza, a legalidade e a ilegalidade, podemos dividir em duas cada uma das duas primeiras formas. Chama-se a monarquia por dois nomes, tirania e governo régio.

– Evidentemente.

– E o estado dirigido por poucos é chamado de aristocracia ou de oligarquia.

– Exatamente.

– No entanto, ninguém jamais costuma mudar o nome da democracia, quer o povo domine os possuidores de bens à força ou por consenso, quer proteja zelosamente as leis ou as viole. (291d-e–292a)

Em relação à tipologia de *A República*, esta é menos original. A única diferença para a tipologia que se tornará canônica, a das seis formas de governo, três boas e três más, é que em *O Político* a democracia só tem um nome: o que não significa que se apresente, à diferença das outras formas, num só aspecto. Também do governo popular existe a versão boa e a versão má (ainda que o nome seja um só), como se depreende de trecho subsequente:

– Na monarquia, temos o governo régio e o tirânico; no governo de poucos, dissemos que existe a aristocracia, de belo nome, e a oligarquia; quanto ao governo de muitos, primeiro o supusemos simples, chamando-o democracia, agora é preciso admitir que também ele é duplo.

– O que dizes? E com que critério o dividiremos?

– Com um critério não diferente dos outros, ainda que não possua um segundo nome. Mas o governo segundo as leis e em oposição às leis se encontra nesta e nas outras formas. (*O Político*, 302d.)

Na sequência do diálogo, Platão se propõe também o problema da comparação entre as várias formas de governo para julgar sua maior ou menor bondade (ou perversidade) relativa; e sustenta a tese de que, se é verdade que a democracia é a pior das formas boas, é, no entanto, a melhor das formas más, à diferença da monarquia, que é a melhor das formas boas, enquanto a tirania é a pior das formas más (cf. os trechos 302d-e e 303a-b). O que se segue daí? Se colocarmos em fila as seis formas em ordem decrescente, as três primeiras, as boas, deverão ser postas em certa ordem (monarquia, aristocracia, democracia), as más na ordem inversa (democracia, oligarquia, tirania). A democracia está ao mesmo tempo no fim da série das boas e no princípio da série das más, enquanto a monarquia está no princípio da série das boas e a tirania no fim da série das más. Entre outras coisas, esta disposição pode servir para explicar por que a democracia tem um nome só: sendo a forma pior entre as boas e a melhor entre as más, ela não apresenta em suas duas versões a diferença que, em vez disso, apresenta o governo de um só, que em sua versão boa é o melhor e em sua versão má é o pior. Coloquemos as seis formas na ordem de sua desejabilidade: monarquia, aristocracia, democracia positiva, democracia negativa, oligarquia, tirania. Fica evidente que as duas democracias constituem um *continuum*, ao passo que as duas formas do governo de um só estão nos dois extremos da escala.

Outra coisa a observar, por ora só de passagem, porque será um tema a que muitas vezes voltaremos, é o critério ou os critérios com base nos quais Platão distingue entre formas boas e ruins. Releia-se o trecho citado e se verá que os critérios são substancialmente dois: violência e consenso, legalidade e ilegalidade. As formas boas são aquelas em que o governo não está baseado na violência e, sim, no consenso ou na vontade dos súditos; ou é aquele que age segundo leis estabelecidas e, portanto, de modo não arbitrário.

Capítulo III
Aristóteles

A teoria clássica das formas de governo é aquela exposta por Aristóteles (384-322 a.C.) na *Política*, obra tão clássica a ponto de ter sido repetida por séculos sem variações significativas. Também neste caso Aristóteles parece ter estabelecido, de uma vez para sempre, algumas categorias fundamentais de que nós, pósteros, continuamos a nos servir para compreender a realidade. *Política* está dividido em oito livros: destes, dois, isto é, o terceiro e o quarto, estão dedicados à descrição e à classificação das formas de governo (o primeiro trata da origem do Estado, o segundo critica as teorias políticas precedentes, especialmente a platônica, o quinto trata das mudanças das constituições, isto é, da passagem de uma forma de governo a outra, o sexto trata, em particular, das várias formas de democracia e de oligarquia, que são as duas formas de governo em que Aristóteles se detém em toda a obra com maior atenção, o sétimo e o oitavo tratam da melhor forma de constituição).

O termo que Aristóteles usa para indicar o que até agora chamei "forma de governo" é *politeia*, normalmente traduzido como "constituição".

Para me adequar ao costume, falarei neste capítulo de "constituições". A primeira coisa a observar é que, na *Política*, encontram-se muitas definições de "constituição", das quais convém começar. Uma definição se encontra no livro terceiro:

> A constituição é a estrutura que dá ordem à cidade, estabelecendo as diversas funções de governo e, sobretudo, a autoridade soberana. (1278b)

A tradução de que me sirvo (que é a de C. A. Viano, publicada na coleção "Clássicos políticos" da Ed. Utet, 1955) talvez seja um pouco redundante: Aristóteles se limita a dizer que a constituição, a *politeia*, é *táxis tōn archōn*, isto é, "ordenamento das magistraturas" (ou, com outra expressão, "funções de governo"). Uma definição deste tipo corresponde, grosso modo, ao que também hoje entendemos por constituição. (Digo "grosso modo", porque, hoje, colocamos numa constituição algo mais). Quando falamos da constituição italiana, francesa ou chinesa, falamos da lei fundamental de um Estado, isto é, da lei que estabelece quais são os órgãos do Estado, suas funções, suas relações recíprocas etc. – em síntese, para repetir Aristóteles, o "ordenamento das magistraturas".

O tema para o qual Aristóteles não se cansa de chamar a atenção do leitor é que existem muitas constituições diferentes e, portanto, uma das primeiras tarefas do estudioso da política é descrever e classificar as constituições existentes. Aristóteles enfrenta o problema no § 5 do livro terceiro, num trecho que por sua importância histórica deve ser transcrito integralmente:

> Uma vez que constituição e governo significam a mesma coisa e o governo é o poder soberano da cidade, é necessário que o poder soberano seja exercido por *um só*, por *poucos* ou pela *maioria*. Quando um só, poucos ou a maioria exercem o poder em vista do interesse comum, então se dão necessariamente as constituições corretas; quando um, poucos ou a maioria o exercem em seu interesse privado, então se dão os desvios. [...] Temos o costume de chamar *reino* o governo monárquico que se propõe o bem público, *aristocracia* o governo de poucos [...] quando se propõe o bem comum; quando a massa dirige o governo em vista do bem público, dá-se a esta forma de governo o nome de *politia*,* com que se designam em comum todas as

---

* A referida edição italiana usa, para indicar o termo grego *politeia*, o latino *politia*, como logo a seguir observará N. Bobbio. (N.T.)

constituições. [...] As degenerações das precedentes formas de governo são a *tirania*, em relação ao reino, a *oligarquia*, em relação à aristocracia, e a *democracia*, em relação à *politia*. De fato, a tirania é o governo monárquico exercido em favor do monarca, a oligarquia visa ao interesse dos ricos, a democracia ao dos pobres; mas nenhuma destas formas visa à utilidade comum. (1279a-b)

São poucas linhas, mas nelas se apresenta com extrema concisão e simplicidade a célebre teoria das seis formas de governo. Fica muito claro que esta tipologia é extraída do uso simultâneo de dois critérios fundamentais: *quem* governa e *como* governa. Como base no critério de *quem*, as constituições se distinguem na medida em que o poder de governo resida numa só pessoa (monarquia), em poucas pessoas (aristocracia), em muitas pessoas (*politia*). Com base no critério de *como*, as constituições se distinguem em boas e más, com a consequência de que às três primeiras formas boas se contrapõem e se acrescentam as três formas más (isto é, a tirania, a oligarquia e a democracia). A simplicidade e a clareza desta tipologia são de tal ordem que não seria necessário nenhum comentário, se não devêssemos fazer algumas considerações terminológicas. "Monarquia" significa propriamente governo de um só, mas na tipologia aristotélica implica governo bom de um só, a que corresponde, como mau governo, a tirania. Inversamente, "oligarquia", que significa propriamente governo de poucos, implica mau governo de poucos, a que corresponde "aristocracia" no significado de bom governo de poucos. O termo "oligarquia", com efeito, conservou pelos séculos afora seu originário significado pejorativo: mesmo hoje se costuma falar de "oligarquia" em sentido negativo, para designar grupos restritos de poder que governam sem o assentimento popular (e, portanto, em contraposição a "democracia"). Quanto a "aristocracia", que significa propriamente governo dos melhores, é o único dos três termos designadores de formas boas que tem, por si mesmo, significado positivo: por séculos conservou significado menos negativo do que oligarquia, mas perdeu o significado original de governo dos melhores (na linguagem política da era moderna, por governos "aristocráticos" se compreendem habitualmente aqueles governos de grupos restritos que transmitem o poder *por hereditariedade*). A maior novidade, e diga-se também estranheza, terminológica é o uso de *politia* para a constituição caracterizada por ser um governo bom e de muitos. Digo "estranheza" porque, como vimos há pouco, *politia* (com que se traduz, sem traduzir, *politeia*) significa nem mais nem menos "constituição" e, portanto, é termo de gênero, não de espécie. Quando hoje se quer usar uma palavra grega para indicar o governo de muitos, diz-se "poliarquia" (usa-a, por exemplo, o politólogo Robert Dahl para dar um nome à democracia pluralista dos Estados Unidos). Não é que os gregos não conhecessem este termo (encontra-se, por exemplo, em Tucídides, VI, 72, mas tem significado pejorativo de comando militar de muitos que cria desordem e confusão). O desconforto que cria no leitor o uso do termo genérico *politia* ou "constituição" para indicar uma das seis possíveis constituições é ainda mais grave porque em outra obra, a *Ética a Nicômaco**, Aristóteles, repetindo a classificação das formas boas e das formas más, usa para indicar a terceira forma boa o termo "timocracia", que vimos Platão usar para designar a primeira das quatro formas de governo que descendem da forma boa. Convém reproduzir o trecho inteiro:

> Três são as formas de governo e outras três os desvios, como corrupções delas. E estas formas são: o reino, a aristocracia, a terceira aquela que se baseia no censo e que parece adequado chamar de timocracia, mas a maioria costuma denominar, sem mais nada, *politia* [...] Desvio do reino é a tirania [...] Da aristocracia, ao contrário, passa-se à oligarquia por perversidade dos comandantes [...] Da timocracia, a seguir, passa-se à democracia. (1160a-b)

De todo modo, o uso de um termo genérico, como *politia*, ou impróprio, como "timocracia", confirma o que já aprendemos com Platão, isto é, que, à diferença do que ocorre com as duas primeiras formas, para as quais existem dois termos consagrados pelo uso para indicar, respectivamente, a forma boa e a forma má, para a terceira forma existe no uso corrente só um termo, "democracia", com a consequência de que, uma vez adotado para indicar só a forma má, como faz Aristóteles (contrariamente ao que fará Políbio, como veremos daqui a pouco), não resta outro termo igualmente consagrado pelo uso para indicar a forma boa.

---

*. Obra publicada em *Clássicos Edipro*. (N.E.)

O uso axiológico de uma tipologia comporta, como se disse no capítulo introdutório, não só a distinção entre formas boas e más, mas também uma hierarquia entre as várias formas, isto é, a distinção entre formas melhores e piores. A ordem hierárquica aceita por Aristóteles não parece diferir daquela sustentada por Platão em *O Político*, que expus no fim do capítulo precedente. O critério da hierarquia é o mesmo: a forma pior é a degeneração da forma melhor, com a consequência de serem cada vez menos graves as degenerações das formas que se seguem à melhor. Com base neste critério, a ordem hierárquica das seis formas é a seguinte: monarquia, aristocracia, *politia*, democracia, oligarquia, tirania. Nas próprias palavras de Aristóteles:

> É evidente qual destas degenerações é pior e qual vem logo depois dela. De fato, pior é necessariamente a constituição derivada por degeneração da forma primeira e mais divina. Ora, o reino ou é tal só nominalmente, mas não na realidade, ou é tal porque quem reina supera extraordinariamente os demais, de modo que a tirania, que é a degeneração pior, é a mais distante da verdadeira constituição. Em segundo lugar, vem a oligarquia (da qual a aristocracia é bem diferente), enquanto a democracia é mais moderada. (1289a-b)

Uma confirmação desta ordem pode ser extraída da *Ética a Nicômaco*. Na mesma passagem pouco antes citada, lê-se, após a listagem das seis formas de governo:

> Destas, a forma melhor é o reino, a pior é a timocracia. (1160a)

E pouco mais adiante:

> No entanto, a democracia é o desvio menos mau: de fato, desvia-se pouco da correspondente forma de governo. (1160b)

Assim estabelecida a ordem hierárquica, daí decorre que a discrepância máxima é entre monarquia (a melhor constituição entre as boas) e tirania (a pior entre as más), e a discrepância mínima é, ao contrário, entre *politia* (a pior entre as boas) e democracia (a melhor entre as más). Também se explica por que as duas formas da democracia podem ter sido chamadas com o mesmo nome – estando uma no final da primeira série e outra no princípio da segunda, são semelhantes a ponto de poder ser confundidas. Enquanto entre o que é melhor e o que é pior a distância é grande e insuperável, entre o menos bom e o menos mau existe uma linha contínua que impede traçar entre um e outro uma nítida linha de demarcação.

Sobre a distinção entre formas boas e más deve-se ainda fazer uma observação. Qual é o critério com base no qual Aristóteles distingue umas das outras? Lembre-se o que disse na última parte da lição sobre Platão, a propósito da distinção que Platão introduz em *O Político*. O critério de Aristóteles é diferente: não é o consenso ou a força, a legalidade ou a ilegalidade, mas principalmente o interesse comum ou o interesse pessoal. Formas boas são aquelas em que os governantes governam no interesse público, más aquelas em que os governantes governam no interesse próprio. Este critério está estreitamente relacionado ao conceito que Aristóteles tem da pólis (ou do estado, no sentido moderno da palavra). A razão pela qual os indivíduos se reúnem na cidade, isto é, formam comunidades políticas, não é apenas a de viver em comum, mas também a de "viver bem" (1252b e 1280b). Para que a finalidade da "vida boa" possa ser realizada, é preciso que os cidadãos persigam, todos juntos ou por meio de seus governantes, o interesse comum. Quando os governantes se aproveitam do poder que receberam ou conquistaram para perseguir interesses particulares, a comunidade política não cumpre seu escopo, e a forma política que ela assume é uma forma corrompida ou degenerada em relação à forma pura, isto é, conforme ao escopo. Aristóteles distingue três tipos de relações de poder, o poder do pai sobre o filho, do dono sobre o escravo, do governante sobre o governado: estas três formas de poder são distinguidas com base no tipo de interesse perseguido. O poder patronal é exercido no interesse do dono, o paterno no interesse dos filhos, o político no interesse comum dos governantes e dos governados. Daí a seguinte conclusão:

> É evidente que todas as constituições que têm em vista o interesse comum são constituições corretas por estarem conformes à absoluta justiça, enquanto as que têm em vista o interesse dos governantes são erradas e constituem degenerações das constituições corretas. (1279a)

Como se disse, a importância histórica da teoria das seis formas de governo, tal como estabelecida por Aristóteles, é enorme. Mas não se deve sobrevalorizar sua importância dentro da própria obra aristotélica, a qual é bem mais rica de observações e de determinações do que aquilo que a tipologia pode sugerir. Pode-se até dizer que o sucesso histórico do esquema de classificação, de fácil compreensão mas, como todos os esquemas, redutivo em relação a uma realidade histórica complexa, tal como era a das cidades gregas e de suas evoluções e revoluções, terminou por favorecer uma leitura simplificada da *Política* e por levar a negligenciar a complexidade de suas articulações internas. Cada uma das seis formas é analisada por Aristóteles em suas significações históricas e subdividida em muitas espécies particulares, cuja determinação faz parecer o esquema geral muito menos rígido do que aquilo que foi legado à tradição do pensamento político e, às vezes, na passagem de uma subespécie a outra, o faz explodir. Considere-se, por exemplo, a primeira forma de governo, a monarquia. Iniciando a análise desta, Aristóteles diz:

> Deve-se antes de tudo estabelecer se a monarquia constitui um só gênero ou se se diferencia em gêneros diversos; e é fácil perceber que ela compreende vários gêneros, em cada um dos quais o comando se exerce de modo diferente. (1285a)

Estabelecida esta premissa, o discurso sobre a monarquia se articula através da distinção de várias espécies de monarquia, tais como: a monarquia dos tempos heroicos, "que era hereditária e baseada no consenso dos súditos"; a monarquia de Esparta, em que o poder supremo se identifica com o poder militar e tem duração perpétua; o regime dos *aisimnetas*, isto é, dos "tiranos eletivos" ou daqueles chefes supremos de uma cidade que eram eleitos por certo período de tempo ou vitaliciamente em caso de graves dilaceramentos entre facções opostas; a monarquia de muitos povos bárbaros. Detenho-me de modo particular nesta última, porque introduz uma categoria histórica destinada a ter nos séculos seguintes grande fortuna, a categoria da monarquia despótica ou, *ratione loci*, do "despotismo oriental" (ao qual teremos ocasiões frequentes de retornar). As características peculiares deste tipo de monarquia são duas: a) o poder é exercido tiranicamente e por este aspecto se assemelha ao poder do tirano; b) o poder exercido tiranicamente, no entanto, é legítimo porque é consentido, e é consentido porque, "como os bárbaros são naturalmente mais submissos do que os gregos, e os asiáticos em geral mais do que os europeus, eles suportam sem dificuldade um poder despótico" (1285a). Estas duas características fazem com que este tipo de monarquia não seja assimilável à tirania, porque os tiranos "têm domínio sobre súditos descontentes com seu poder" e, assim, seu poder não está baseado no consenso, não é, no sentido preciso da palavra, "legítimo", e ao mesmo tempo se diferencie das monarquias gregas porque dominam povos "submissos", sobre os quais o poder só pode ser exercido despoticamente. O poder despótico é o poder que o dono – em grego, exatamente, *despotē* – exerce sobre os escravos, e que é diferente, como vimos, seja do poder paterno, isto é, do poder que o pai exerce sobre os filhos, seja do poder político, isto é, do poder que o governante exerce sobre um povo livre. O poder despótico é um poder absoluto e, à diferença do paterno, que é exercido no interesse dos filhos, e do civil, que é exercido seja no interesse de quem governa, seja no de quem é governado, é exercido no interesse do dono, isto é, de quem detém o poder. Como bem se sabe, Aristóteles justifica a escravidão com base na consideração de que existem homens escravos por natureza. Assim como existem homens escravos por natureza, também existem povos escravos por natureza (os "povos submissos" das grandes monarquias asiáticas). Sobre povos escravos por natureza o poder só pode ser do mesmo tipo do poder do dono sobre os escravos, ou seja, só pode ser "despótico". Tal poder, mesmo sendo despótico, é perfeitamente legítimo, porque é o único tipo de poder adaptado à natureza de certos povos, assim como o poder do dono de escravos, por mais duro que seja, é o único tipo de poder adequado aos escravos. Tanto é verdade que estes povos aceitam este poder "sem dificuldade" ou, melhor dizendo, sem lamentação (a tradução latina medieval será *sine tristitia*), enquanto os tiranos, que, à diferença dos déspotas orientais, têm por súditos povos livres, dominam súditos "descontentes" e, portanto, sem ter seu consenso (e por isso a tirania é, diferentemente de qualquer forma de monarquia, uma forma corrompida de governo).

Para mensurar a discrepância entre o esquema geral das seis formas de governo e as análises particulares, nada melhor do que ver um pouco mais de perto a forma chamada, na falta de outras denominações mais apropriadas, *politia*. No esquema, a *politia* corresponde à terceira forma, isto é, deveria ser a constituição caracterizada pelo poder de muitos exercido no interesse comum. E, no entanto, se se lê a definição que Aristóteles dela fornece percebe-se que é algo bem diferente:

> A *politia* é, em geral, uma mistura de oligarquia e democracia; e, em geral, costumam-se chamar *politias* os governos que se inclinam para a democracia, aristocracias os que se inclinam para a oligarquia. (1293b)

Observe-se bem: a *politia* é uma mistura de oligarquia e democracia. Mas a oligarquia e a democracia não são, segundo o esquema abstrato, duas formas corrompidas? Portanto, o primeiro problema que nos coloca a constituição chamada *politia* é que uma forma boa pode ser o resultado de uma mistura de duas formas más. Em segundo lugar, se a *politia* não é, como deveria ser segundo o esquema, o governo do povo ou a democracia em sua forma correta, mas uma mistura de oligarquia e democracia, isso significa que – e este é o segundo problema – o bom governo de muitos, que figura em terceiro lugar no esquema geral, é um espaço vazio, isto é, uma ideia abstrata a que não corresponde concretamente nenhum regime historicamente existente ou havido. Ademais, o problema é complicado (mas também tornado historicamente mais interessante) pelo fato de que, mais uma vez contrariamente ao esquema geral, para Aristóteles nem a oligarquia é, como daria a entender o significado próprio do termo, o governo de poucos nem a democracia é o governo do povo. O critério que Aristóteles adota para distinguir a oligarquia e a democracia não é de modo algum o genérico critério numérico, mas um critério bem mais substancial: a diferença entre ricos e pobres.

> Tem-se a democracia se os livres e os pobres, sendo em número predominante, são senhores do poder, oligarquia se o são os ricos e os mais nobres, que constituem a minoria. (1290b)

Que a oligarquia seja o governo de poucos e a democracia o governo de muitos pode decorrer apenas do fato de que geralmente os ricos são, em toda sociedade, em menor número do que os pobres. Mas o que distingue uma forma de governo da outra não é o número, mas a condição social daqueles que governam, não um elemento quantitativo, mas um elemento qualitativo. Como se evidencia claramente deste trecho:

> O que diferencia uma da outra a oligarquia e a democracia são a pobreza e a riqueza, de modo que, onde dominam os ricos, poucos ou muitos, haverá necessariamente oligarquia, e onde dominam os pobres democracia, embora ocorra, como se disse, que os ricos sejam poucos e os pobres muitos, porque poucos são os que enriquecem, enquanto todos participam da liberdade. (1280a)

Dizia-se, portanto, que a *politia* é uma mistura de oligarquia e de democracia. Agora que se disse em que consistem a oligarquia e a democracia, somos capazes de compreender melhor em que consiste esta mistura: é um regime em que a união de ricos e pobres deveria sanar a maior causa de tensão de toda sociedade, a saber, precisamente, a luta de quem não tem contra quem tem. É o regime que deveria assegurar melhor do que qualquer outro a "paz social".

> Na maior parte das cidades, proclama-se com estrépito a *politia* e pretende-se realizar a única união possível de ricos e pobres, de riqueza e pobreza. (1294a)

Aristóteles também se ocupa do modo pelo qual pode ser feita a mistura dos dois regimes a fim de daí derivar um terceiro melhor do que ambos. Detém-se em particular em três expedientes, que são, do ponto de vista do que hoje se chamaria "engenharia política", extremamente interessantes: 1) Conciliam-se medidas que seriam incompatíveis: enquanto nas oligarquias se inflige pena aos ricos que não participam das atividades públicas e não se concede aos pobres incentivo se delas tomam parte, nas democracias, ao contrário, não se concede nenhum incentivo aos pobres que participam e não se inflige nenhuma pena aos ricos que não participam. A conciliação poderia consistir "em algo intermediário e comum", como diz Aristóteles, em estabelecer, por exemplo, uma lei que inflija pena aos ricos não participantes e conceda incentivo aos pobres participantes; 2) Toma-se o "meio" entre os ordenamentos extremos dos dois regimes: enquanto o regime oligárquico atribui o direito de assembleia só àqueles que têm patrimônio muito alto, o regime democrático o atribui a todos, inclusive aos que nada têm ou, de qualquer modo, também àqueles que têm patrimônio muito exíguo. O justo meio neste caso consiste em diminuir as altas posses requeridas pelo regime dos ricos e em aumentar aquelas admitidas no regime dos pobres; 3) Toma-se o bom dos dois sistemas legislativos: enquanto na oligarquia as funções são atribuídas por eleição, mas só àqueles que têm determinados bens, na democracia as funções são sorteadas entre todos, independentemente dos bens. Aproveitar o bom de ambos os sistemas neste caso significa conservar o método das eleições próprio do regime oligárquico e a exclusão dos requisitos censitários própria do regime democrático.

O ideal que inspira este regime da "mistura" é o ideal da "mediação", que é o ideal de toda a ética aristotélica, baseado, como bem se sabe, no valor eminentemente positivo do que está no meio de dois extremos. Este ideal é evocado não por acaso pelo próprio Aristóteles num trecho relativo à matéria que estamos analisando:

> Se for exata a definição da Ética segundo a qual a vida feliz é a que se desenvolve segundo a virtude e sem impedimentos, e se a virtude for um meio-termo, a vida média será necessariamente a melhor – desde que se trate daquele meio-termo que é acessível a todos. (1295b)

Logo depois, o critério do meio-termo é aplicado às classes que compõem a sociedade:

> Em todas as cidades existem três partes: os muito ricos, os muito pobres e os que estão no meio entre uns e outros. Como se admite que a medida e o meio-termo são sempre a coisa melhor, está claro que uma posse mediana de riquezas é condição melhor do que qualquer outra, porque nela é mais fácil obedecer à razão. (1295b)

O ideal ético do meio-termo, uma vez concretizado na realidade histórica, resolve-se no celebérrimo elogio do "estrato médio" (para quem, como nós, está em busca de "temas recorrentes", um tema tão recorrente quanto os que mais o são):

> Está claro que a melhor comunidade política é a que se baseia na classe média e que as cidades que estão nesta condição podem ser bem governadas, a saber, aquelas em que a classe média é mais numerosa e mais potente do que os dois extremos ou, pelo menos, do que um deles. De fato, ligando-se a um ou a outro, fará pender a balança para sua parte e impedirá que um dos extremos contrários alcance um poder excessivo. (1295b)

A razão fundamental pela qual as cidades mais bem governadas são aquelas em que predomina o estrato médio é sua maior estabilidade. O próprio Aristóteles diz pouco depois:

> Que a forma intermediária seja a melhor está claro, uma vez que é a mais distante do perigo das revoluções: onde a classe média é numerosa, raramente ocorrem complôs e revoluções entre os cidadãos. (1296a)

Chamo a atenção para este tema: a estabilidade. Tema verdadeiramente central na história das reflexões sobre o "bom governo", porque um dos critérios fundamentais com base nos quais se costuma distinguir (mesmo hoje) entre o bom e o mau governo é se ele é "estável", e em que medida. O que torna boa a mistura de democracia e oligarquia, se por ela se entende certa forma política a que corresponde certa estrutura social, caracterizada pela predominância de uma classe nem rica, como a que predomina nas oligarquias, nem pobre, como a que predomina nas democracias, é justamente o fato de que ela está menos submetida àquelas rápidas mudanças que são a consequência dos conflitos sociais, os quais, por sua vez, são a consequência da divisão por demais acentuada entre classes contrapostas.

Detive-me na *politia* também por outra razão: ela é o produto de uma "mistura". Esta ideia de que o bom governo é o fruto de uma mistura de formas de governo diferentes é um dos grandes temas do pensamento político ocidental que, como veremos, chega até nossos tempos. É o tema do "governo misto", sobre o qual todo grande escritor político terá algo a dizer, pró ou contra, e cuja formulação mais afortunada será enunciada exatamente pelo escritor que examinarei no próximo capítulo, Políbio.

Capítulo IV
Políbio

Ao lado dos textos de Platão e Aristóteles, a antiguidade clássica nos legou um terceiro texto fundamental para a teoria das formas de governo, o Livro VI das *Histórias* de Políbio. Um texto cuja autoridade não foi menor (pensemos no nosso Maquiavel) do que a dos dois anteriores. À diferença de Platão e Aristóteles, Políbio (que vive no século II a.C.) não é filósofo, mas historiador. Grego de nascimento, deportado a Roma depois da conquista da Grécia, entra em contato com os ambientes mais altos da cidade, especialmente com o círculo dos Cipiões, e escreve em grego a primeira grande história (apologética) de Roma antes daquela de Tito Lívio. Concluídas vitoriosamente as guerras púnicas, Roma aproxima-se do auge de seu poderio. Depois de narrar as vicissitudes da batalha de Canas (216 a.C.), Políbio se detém, exatamente no Livro VI, a fazer detalhada exposição da constituição romana, redigindo verdadeiro sumário de direito público romano, em que são descritas as várias magistraturas (os cônsules, o senado, os tribunos, a organização militar etc.). A razão pela qual o historiador se detém na descrição da constituição do povo cuja história está narrando é dita explicitamente:

A constituição de um povo deve ser considerada como a primeira causa do sucesso ou do fracasso de toda ação. (VI, 2)

Com base nesta premissa, ele quer demonstrar a importância que teve a excelência da constituição romana no sucesso da política de um povo que, "em menos de cinquenta anos", como se lê na mesma seção, sobrepujou todos os demais fazendo-os cair sob o próprio domínio.

Políbio faz preceder ao exame da constituição romana algumas considerações sobre as constituições em geral, que formam uma das mais completas teorias das formas de governo que a história nos legou. Nesta teoria expõe sobretudo três teses que merecem ser apresentadas, ainda que brevemente: 1) Existem fundamentalmente seis formas de governo, três boas e três más; 2) As seis formas de governo se sucedem uma à outra segundo certo ritmo e constituem, portanto, um percurso cíclico que se repete no tempo; 3) Além das seis formas tradicionais, existe uma sétima forma de governo, de que a constituição romana é exemplo, que, como síntese das três formas boas, é a constituição melhor. Com a primeira tese, Políbio confirma a teoria tradicional das formas de governo; com a segunda, estabelece num esquema completo, embora rígido, a teoria dos ciclos (ou, para usar a própria palavra grega, da "anaciclose") que fora já exposta por Platão; com a terceira, apresenta, pela primeira vez de forma completa, a teoria do governo misto (de que vimos uma forma espúria, pelo menos em relação à teorização clássica que será, precisamente, aquela dada por Políbio, na *politia* de Aristóteles). Destas três teses, a primeira representa o uso sistemático da teoria das formas de governo, a segunda o uso historiográfico, a terceira o uso axiológico. Em outras palavras, com suas várias teses Políbio estabelece definitivamente a sistemática clássica das formas de governo; expõe uma filosofia da história *in nuce*, segundo a qual o desenvolvimento histórico ocorre segundo certa ordem, que é dada pela sucessão predeterminada e recorrente das diversas constituições; e expressa a preferência por uma constituição em relação a todas as outras, pela constituição mista em relação às constituições simples.

Comecemos pela primeira tese, a qual não apresenta, depois de tudo o que vimos até aqui, novidades particulares e, portanto, não requer comentários particulares. Políbio inicia a exposição, recorrendo à tipologia tradicional:

> A maior parte daqueles que querem dar-nos lições sobre este tema falam de três formas constitucionais e chamam a primeira *reino*, a segunda *aristocracia*, a terceira *democracia*. (VI, 3, *grifos meus*)

A única observação a fazer é terminológica: Políbio chama democracia a terceira forma, que Aristóteles havia chamado *politia*, isto é, usa o termo "democracia", à diferença de Platão e de Aristóteles, com conotação positiva. Pouco depois, passa a examinar, como era de esperar, as formas corrompidas:

> Não se pode chamar, sem mais nada, de reino todo governo de um só; mas só aquele voluntariamente aceito e dirigido antes segundo a razão do que com o terror e a força; nem se deve considerar aristocracia todo governo de poucos, mas só aquele que seja dirigido pelos homens que, por eleição, revelem-se os mais justos e os mais sábios. De modo semelhante, não é governo do povo aquele em que a multidão pode fazer o que quiser segundo seu arbítrio, mas aquele em que é tradicional e habitual venerar os deuses, honrar os genitores, respeitar os mais velhos, obedecer às leis. [...] Assim, podem-se considerar seis espécies de constituições: três, as que são por todos conhecidas e das quais já se falou, e outras três que destas derivam, isto é, a *tirania*, a *oligarquia* e a *oclocracia*. (VI, 4, *grifos meus*)

Sobre esta passagem as observações a fazer são duas: uma meramente terminológica, outra mais substancial. Tendo usado o termo "democracia" para a forma boa de governo popular, Políbio introduz nova palavra (para dizer a verdade, destinada a não ter muita fortuna e a ser transmitida só na linguagem culta) para indicar o governo popular em sua forma corrompida: "oclocracia", de *okhlos*, que significa multidão, massa, gentio, plebe, e corresponde bem a nosso "governo de massa" ou "das massas", no caso de o termo "massa" (bivalente) ser usado no significado pejorativo a ele dado pelos escritores reacionários (em expressões como "rebelião das massas", "sociedade de massas" etc.). A observação mais substantiva, ao contrário, refere-se ao critério que Políbio emprega para distinguir entre constituições boas e más. É um critério que não corresponde ao aristotélico, mas eventualmente reproduz o platônico. (De resto, parece que Políbio não buscou nenhuma de suas teses em Aristóteles e teve diante de si o modelo platônico. Ele mesmo cita Platão no § 5, subsequente ao que estamos examinando.) Como vimos, o critério aristotélico é o que se baseia na diferença entre interesse público e interesse privado. Esta diferença não aparece no texto polibiano. Não se pode dizer que o critério da distinção entre as formas justas e as formas corrompidas esteja muito claro ou, pelo menos, muito explícito no trecho citado; mas, de qualquer modo, não é o critério do interesse. Os critérios esboçados são dois: por um lado, a contraposição entre governo baseado na força e governo baseado no consenso, por outro, a análoga, mas não idêntica, contraposição entre governo ilegal e, portanto, arbitrário, e governo segundo as leis. São dois critérios que já encontramos em *O Político*, de Platão.

Uma vez definidas as seis formas, Políbio as dispõe logo em ordem cronológica, isto é, apresenta a teoria dos ciclos. Também aqui convém transcrever a passagem por inteiro:

Assim, sem artifício e *naturalmente*, estabelece-se em primeiro lugar o governo de um só, a que se segue e do qual se gera, por sucessiva elaboração e correção, o *reino*. Transformando-se este no mal a ele *inato*, isto é, na *tirania*, com a queda desta última gera-se em seguida o governo dos ótimos. Quando, por sua vez, a aristocracia *por força da natureza* degenera em *oligarquia*, o povo insurge-se violentamente contra os abusos dos chefes e então nasce o *governo popular*. Com o tempo, enfim, a impudência e a ilegalidade de tal governo produzem a *oclocracia*. (VI, 4, *grifos meus*)

Sobre esta passagem as observações a fazer são muitas. Antes de tudo, as etapas do processo histórico são as seguintes: monarquia, tirania, aristocracia, oligarquia, democracia e oclocracia. Em segundo lugar, o processo histórico desenvolve, ciclo a ciclo, uma tendência em última instância degenerativa, como aquela descrita por Platão, mas, diferentemente do ciclo platônico, no qual a forma seguinte é degenerada em relação à precedente num processo contínuo, o ciclo polibiano se desenvolve através de uma alternância de constituições boas e constituições más, em que, aliás, a constituição boa que se segue é menos boa do que a boa precedente e a má seguinte é pior do que a má precedente. Em outras palavras, a linha decrescente do ciclo platônico é contínua, a do ciclo polibiano é rompida por uma alternância de momentos bons e momentos maus, ainda que, no fim, tenda para baixo. Além da diferença entre processo contínuo e processo alternado, existe também uma diferença quanto ao grau final, que para Platão é a tirania, para Políbio a oclocracia. Não se pode deixar em silêncio, embora seja tema que mereça outro tipo de análise, a contraposição entre esta concepção regressiva da história e a progressiva tão característica da época moderna, pelo menos a partir do Renascimento, segundo a qual o que vem depois é em última instância, se não imediatamente, melhor do que aquilo que veio antes (recorde-se a famosa metáfora dos anões sobre os ombros dos gigantes), entre uma concepção, a platônica, pela qual a história vai de mal a pior, e uma concepção, a moderna, pela qual a história vai de bem a melhor, em síntese, entre uma teoria do regresso indefinido e uma teoria do progresso indefinido. Uma terceira observação a fazer é que esta concepção da história é fatalista, no sentido de que a passagem de uma forma a outra parece predeterminada, necessária e inderrogável, e naturalista, no sentido de que estas passagens estão inscritas na natureza das coisas, isto é, na natureza mesma dos governos, os quais não podem deixar de sofrer o processo de transformação, e até no sentido ainda mais categórico segundo o qual cada um só pode se transformar naquele determinado tipo de governo e não em outro. Observe-se no trecho citado a insistência em expressões como "naturalmente", "inato", "por força da natureza" etc. Para mostrar com evidência que o germe da degeneração é inerente a toda constituição, Políbio usa a comparação da ferrugem no ferro e dos caruncos na madeira, como neste trecho:

> Como, de fato, a ferrugem é o mal congênito do ferro, e da madeira os caruncos e as traças, de modo que, se ferro e madeira conseguem escapar de todos os danos externos, são consumidos pelo mal que geram, do mesmo modo nasce, com toda constituição, um mal natural dela inseparável: com o reino, o despotismo, com a aristocracia, a oligarquia, com a democracia, o governo brutal e violento, e desta forma, como já disse, é impossível que não se mudem com o tempo todas as constituições. (VI, 10)

Resta dizer o que acontece no final do ciclo, isto é, quando a degradação das constituições tocou o fundo (que é a oclocracia). Em Platão, pelo menos no livro oitavo de *A República*, a pergunta ficará sem resposta. Ao contrário, Políbio dá uma resposta muito precisa (e é a resposta insinuada pelo próprio Platão): no final do primeiro processo, o curso das constituições retorna ao ponto de partida. Da oclocracia se retorna, com um salto para trás, ao reino, da forma pior à melhor. A concepção polibiana da história é uma concepção cíclica, vale dizer, é a concepção segundo a qual a história é uma contínua repetição de eventos que se voltam sempre sobre si mesmos ou "o eterno retorno do igual". Depois de se deter em descrever analiticamente os seis momentos sucessivos (e fatais), conclui:

> Esta é a rotação das constituições; esta é a lei natural pela qual as formas políticas se transformam, decaem e *retornam ao ponto de partida*. (VI, 10, grifo meu)

Também neste caso não podemos deixar de mencionar outra grande teoria cíclica da história, a teoria dos cursos e recursos de Giambattista Vico, se bem que tanto os momentos e o ritmo quanto a dimensão histórica sejam completamente diversos, como veremos no capítulo dedicado especificamente a Vico. Basta dizer que, enquanto a teoria de Políbio deriva do restritíssimo campo de observação das cidades gregas, a teoria viquiana estende-se por toda a história da humanidade. A teoria polibiana dos ciclos é extraída da história das cidades gregas no período de seu crescimento, florescimento e decadência. E vale apenas para esta pequena e circunscrita parte do mundo. As grandes monarquias asiáticas estão fora desta história e também permanecerão fora da história europeia nos séculos sucessivos, como veremos, até Hegel e mais além: elas representam o princípio não do movimento e do desenvolvimento, mas da imobilidade e da estagnação (que não se deve confundir com a "estabilidade").

A tese principal da teoria polibiana das constituições é, de longe, a relativa ao governo misto. Políbio passou à história do pensamento político como o teórico por excelência do governo misto. Não é difícil descobrir o nexo entre a ideia do governo misto e a teoria dos ciclos: a teoria dos ciclos evidencia que todas as formas simples, tanto as consideradas tradicionalmente justas quanto as corrompidas, são de breve duração, porque estão destinadas por sua própria natureza a se transformarem numa forma diversa. Isso significa que todas as constituições sofrem de um vício grave que é o da falta de estabilidade: vício grave, este, porque uma constituição é, por consenso geral, tão mais valiosa quanto mais estável for. Qual é o escopo de uma constituição? Repetindo a definição aristotélica, pode-se dizer que o escopo de uma constituição é pôr ordem nas magistraturas, isto é, estabelecer quem deve governar e quem deve ser governado, e permitir o curso regular e ordenado da vida civil. Ora, o curso regular e ordenado da vida civil não pode ocorrer se o sistema político de uma cidade for submetido a contínuas mudanças. Um dos temas recorrentes da filosofia política é o da ordem (muito mais o tema da ordem do que o do contrário da ordem, isto é, a liberdade). A teoria dos ciclos, no entanto, demonstra que as constituições comuns são instáveis. Por instáveis, todas as constituições, mesmo as consideradas tradicionalmente boas, são más – e não soe paradoxal. Do ponto de vista do valor supremo da ordem garantida pela estabilidade, caduca a distinção entre constituições boas e más. E esta distinção caduca quando se observa o que umas e outras têm em comum: o que têm em comum é serem constituições simples, nas quais quem governa é o rei (ou o tirano), os melhores (ou os mais ricos), o povo (ou a plebe). A tese de Políbio é que todas as constituições simples, pelo fato de ser simples, são más (mesmo as justas). Qual o remédio? O remédio é o governo misto, isto é, uma constituição que seja o produto de uma composição das três formas clássicas. Políbio ainda nem terminou de enumerar as três formas boas (na passagem supracitada) e logo acrescenta a título de antecipação de um conceito que desenvolverá mais detidamente nas seções seguintes:

> De fato, está claro que se deve considerar ótima a constituição que reúne as características de todas as três formas. (VI, 3)

O exemplo histórico em que se apoia a ideia de que a melhor constituição seja a "que reúne as características de todas as três formas" é o da Esparta de Licurgo. Não importa aqui notar que da constituição de Esparta se deram as mais diversas interpretações nem discutir se a interpretação de Políbio fosse correta. O que importa para fins de nosso discurso é que, para Políbio, a constituição de Esparta é excelente, e é excelente porque é mista. A relação entre governo misto e estabilidade está clara desde o início do trecho:

Licurgo havia observado que cada uma das mencionadas transformações se realizava necessária e naturalmente, e considerava que todo governo simples e baseado num só princípio era *precário*, porque *bem cedo se muda na forma corrompida* que lhe corresponde e que vem em seguida por força da natureza. (VI, 10, *grifos meus*)

Na descrição do remédio que imaginou para contornar o inconveniente da "precariedade", Políbio dá uma descrição que se tornou clássica do governo misto e de seu funcionamento:

Licurgo [...] não estabeleceu uma constituição simples e uniforme, mas reuniu todas as virtudes e as características dos sistemas políticos excelentes, de modo que nenhum destes, adquirindo força maior do que o necessário, se desviasse segundo os males congênitos, mas sim que, a força de um neutralizando a dos outros, os diversos poderes se equilibrassem, nenhum se excedesse e o sistema político permanecesse longamente em perfeito equilíbrio, à maneira de barco que vence a força de corrente oposta. (VI, 10)

A composição das três formas de governo consiste no fato de que o rei é freado pelo povo, que tem adequada participação no governo, e o povo é freado pelo senado. Representando o rei o princípio monárquico, o povo o princípio democrático, o senado o princípio aristocrático, o que daí resulta é uma forma nova de governo que não coincide com as três formas simples justas, porque é composta, e muito menos com as três formas corrompidas, porque é justa. Quanto à razão da excelência do governo misto, Políbio indica-a no mecanismo de controle recíproco dos poderes, vale dizer, no princípio do "equilíbrio". Este ponto é de extrema importância. O tema do equilíbrio dos poderes (que na época moderna se tornará o tema central das teorias "constitucionalistas" com o nome de *balance of power*) é um dos temas dominantes em toda a tradição do pensamento político ocidental. Ainda que a teoria do governo misto, que vemos tão bem formulada por Políbio, não deva ser confundida com a teoria moderna da separação e do equilíbrio dos poderes (tal como será enunciada numa teoria famosa por Montesquieu), é fato que teoria do governo misto e teoria do equilíbrio procedem *pari passu*. É o que fica reiterado e confirmado na sequência do discurso, quando Políbio expõe particularizadamente os princípios em que se inspira a constituição romana.

A razão pela qual Políbio enuncia a tese da excelência do governo misto é que considera como exemplo admirável desse tipo de governo a constituição romana, na qual "os órgãos [...] que participavam do governo da coisa pública eram três" (os cônsules, o senado e as assembleias do povo), com esta consequência:

> Observando só o poder dos cônsules, o estado parecia, sem dúvida, monárquico e régio; se, no entanto, se observasse o do senado, mostrava-se aristocrático e, se se considerasse o poder da multidão, parecia, sem dúvida, democrático. (VI, 12)

O conceito do controle recíproco dos poderes e do consequente equilíbrio está tão estreitamente ligado à ideia do governo misto que volta no final da exposição da constituição romana. A seção final do Livro VI começa assim:

> Como, deste modo, cada órgão pode *opor-se* aos outros ou *colaborar* com eles, sua união mostra-se adequada a todas as circunstâncias, de sorte que não é possível um estado mais bem constituído.

E termina deste modo:

> Quando [...] um dos órgãos constitucionais encher-se de soberba e inclinar-se ao litígio e à usurpação indevida, está claro, como já disse, que a mútua interdependência dos três e a possibilidade de conter e controlar as pretensões de qualquer um deles deverão restringir esta tendência. Assim, todos permanecem nos limites prescritos porque a impulsividade de uma parte é contida pelo medo das outras. (VI, 18)

Com estas afirmações, Políbio conclui perfeitamente o discurso que iniciara ao dizer que a primeira causa do sucesso ou do insucesso de um povo deve ser buscada em sua constituição. Efetivamente, o que Políbio evidencia claramente, para afirmar a excelência de uma constituição, é aquilo que hoje se chamaria seu "mecanismo". A teoria de Políbio é uma teoria dos mecanismos constitucionais, que tornam possível uma forma de governo estável e, por isso, preferível a qualquer outra. Naturalmente, hoje não estamos tão dispostos a considerar que a primeira causa do sucesso ou do insucesso de um povo seja sua constituição. Hoje, tendemos a fazer recuar a análise do sistema político ao sistema social subjacente, da anatomia das instituições políticas à anatomia, como diria Marx, da sociedade civil, das relações de poder às relações de produção. Mas a preferência dada às instituições estará destinada a durar por longo tempo e, como veremos, não será estranha a Hegel. Até vale a pena fazer um breve paralelo com a *politia* de Aristóteles, que também é apresentada como forma antecipada de governo misto. Segundo Aristóteles, a superação do conflito entre as duas partes em conflito não ocorre, como para Políbio, no plano institucional: ocorre, quando ocorre, na sociedade, por meio da formação de uma forte classe média que tem interesse próprio, de classe, na estabilidade. O equilíbrio aristotélico, antes de ser institucional, é social, e só é institucional se antes for também social. Neste sentido, a teoria aristotélica da *politia* não é tanto uma teoria do governo misto quanto o anseio por uma sociedade sem grandes desequilíbrios de riqueza.

A presença simultânea dos três poderes e seu controle recíproco preservam as constituições mistas da degeneração a que estão sujeitos os governos simples, porque impedem aqueles excessos que, por reação, desencadeiam a oposição e provocam a mudança. Mas, então, como se concilia a estabilidade dos governos mistos com a teoria dos ciclos? Não existirá, talvez, uma contradição entre a afirmação peremptória de que os ciclos das constituições são um fato natural e, portanto, inderrogável, e a afirmação não menos peremptória de que os governos mistos são estáveis? Não de hoje, os que analisaram o Livro VI de Políbio destacaram esta contradição: é de fato estranho, afirma-se, que quem teorizou a fatalidade da mudança a seguir tenha dedicado, no mesmo contexto, algumas páginas a descrever e a exaltar uma constituição cuja característica é a de subtrair-se à mudança. A existência de uma constituição como a romana, que se formou lentamente através de "grandes lutas e agitações" e, precisamente por ter se formado por meio da criação de um sistema complexo de poderes contrapostos, não está sujeita a degeneração, não seria um desmentido solene à teoria dos ciclos? A contradição é mais aparente do que real: que as constituições mistas sejam estáveis não quer dizer que sejam eternas, quer dizer simplesmente que duram mais do que as simples (de resto, o primeiro modelo de constituição mista, o modelo espartano, era então, quando Políbio escrevia, mera lembrança histórica). O que diferencia as constituições mistas das simples não é evidentemente que não se submetam a mudanças, não é evidentemente que se subtraiam ao destino de morte que atinge todas as constituições, assim como a todas as coisas vivas, mas sim um ritmo diverso e uma razão diversa de mudança. Não por acaso, logo depois de enunciar a lei dos ciclos históricos, Políbio escreve, referindo-se ao estado romano:

> Especialmente no caso do estado romano, com este método [isto é, com a lei dos ciclos, pela qual "as formas políticas se transformam, decaem e retornam ao ponto de partida"] travaremos conhecimento de seu surgimento, de sua expansão e de seu poderio máximo, assim como da decadência que a isso se seguirá. (VI, 9)

Não parece haver dúvida de que, desde o início, Políbio se mostra perfeitamente consciente de que também o estado romano, apesar de sua excelência, está submetido à "lei natural" de nascimento, crescimento e morte, e de que, portanto, o que constitui o título de mérito do governo misto é sua maior estabilidade, não sua perenidade.

Com relação ao ritmo de mudança, ele, como se disse, é mais lento do que o das constituições simples porque, através do mecanismo de acomodação das três partes que compõem a sociedade em seu todo, os conflitos entre as partes, que provocam nas constituições simples as mudanças constitucionais, a passagem brusca e violenta de uma forma a outra, são resolvidos dentro do sistema político, e, se produzem mudanças, estas são, diríamos hoje, sistemáticas e não extrassistemáticas, graduais e não violentas, produzem não aquele desequilíbrio repentino que gera a revolução, mas um deslocamento do equilíbrio interno que é reabsorvido com um rearranjo do mesmo equilíbrio em grau diverso. Com relação à razão que pode explicar por que mesmo as constituições mistas decaem e morrem, esta consiste num tal deslocamento de equilíbrio entre as três partes, em favor de uma só, que a constituição deixa de ser mista e volta a ser simples. A julgar pelo que Políbio escreve sobre Cartago, também dirigida por um governo misto, mas destinada a ser vencida porque então caíra nas mãos de um governo democrático (no sentido negativo do termo), enquanto Roma estava fadada à vitória porque o equilíbrio dos três poderes ainda não fora rompido em favor de só um deles, poder-se-ia deduzir que existe uma espécie de ciclo também no quadro das constituições mistas, que produziria um *ciclo no ciclo*, com a consequência de que nem todas as constituições mistas deveriam ser colocadas no mesmo plano, mas deveriam ser distinguidas, segundo prevaleça uma ou outra parte da cidade, em constituições mistas com predominância monárquica, com predominância aristocrática, com predominância democrática. Talvez se possa arriscar a hipótese, ainda que não inteiramente explicitada, de que Políbio também faz uso axiológico deste "ciclo no ciclo", além de descritivo, estabelecendo graduação de mérito entre os diversos tipos de constituições mistas, dando sua preferência à constituição mista com predominância aristocrática, como a romana de seu tempo, e considerando a constituição mista com predominância democrática como o início do fim. Segundo esta hipótese, a melhor constituição mista seria aquela em que, das três partes que a compõem, prevalecesse a que está no meio (isto é, a parte aristocrática): mais um belo exemplo da primazia do "meio-termo".

Apêndice

A excelência do governo misto e o elogio da constituição de Roma caminham *pari passu* em *De republica** (cerca de 50 a.C.), de Cícero. Quando Cícero escreve seu livro um século depois de Políbio, a ideia de que o governo misto é o melhor dos governos e a representação da constituição romana como constituição mista já estão consolidadas. Uma e outra se reforçam reciprocamente: a constituição romana é a melhor das constituições porque é governo misto; mas, ao mesmo tempo, o governo misto é o melhor dos governos porque é o criado, numa elaboração de séculos, por Roma.

Depois de expor a costumeira teoria das seis formas, Cícero escreve:
>Entre as três primeiras formas, a meu juízo, é de longe preferível a monárquica, mas mesmo a esta será superior a que for composta *equilibradamente* [*aequatum et temperatum*] por todas as três formas melhores de constituição. (I, 45, *grifo meu*)

---

*. *Da República*, obra presente em *Clássicos Edipro*. (N.E.)

Observe-se o uso da expressão *aequatum et temperatum*, que evoca o tema polibiano do equilíbrio. Qual é a razão da excelência deste tipo de constituição?

De fato, é benéfico que haja no governo algo eminente e real, outros poderes sejam atribuídos e deferidos à autoridade dos optimates e certas questões sejam reservadas ao juízo e à vontade da multidão. (I, 45)

Quais as consequências?

Tal constituição apresenta, em primeiro lugar, certa igualdade, da qual os cidadãos livres só com dificuldade podem prescindir por muito tempo, e, em segundo lugar, tem *estabilidade* [*firmitudinem*]. (I, 45, grifo meu)

Depois do que se disse a propósito de Políbio, parece-me inútil insistir na importância da ideia de "estabilidade" na atribuição de valor positivo a uma constituição. De qualquer modo, o trecho de Cícero é prestigiosa confirmação disso. E é também confirmação de que a excelência do governo misto reside, em última instância, no fato de que assegura a estabilidade que outras formas de governo não conseguem garantir, como se depreende da seguinte passagem que reproduz em breve síntese o ciclo polibiano:

As três primeiras formas de governo transformam-se facilmente e caem no exagero dos defeitos opostos, de sorte que do rei deriva o tirano, dos optimates as facções, do povo a turba e a desordem, e estas mesmas formas se mudam em formas novas; semelhante coisa, ao contrário, não ocorre com uma forma de governo como esta, composta e moderadamente mista. [...] De fato, não há motivo de mudança [*causa conversionis*] onde cada qual está firmemente colocado no próprio lugar e não se vê na condição de se precipitar e cair. (I, 45)

Mais uma vez, existe estrita conexão entre constituição mista e estabilidade: quando o governo é composto e cada parte cumpre seu ofício dentro do todo, não existe *causa conversionis*, isto é, não existe uma razão pela qual o governo degenere e da degeneração surja forma de governo completamente nova. Mais uma vez, num texto clássico de filosofia política, o elogio da estabilidade caminha *pari passu* com o medo da mudança, especialmente quando a mudança leva à *turba et confusio* do governo do povo.

Capítulo V

Intermezzo

Chamo *intermezzo* estas poucas noções que dedico ao Medievo, isto é, aos muitos séculos que separam a época clássica de Maquiavel, a quem se dedica o capítulo seguinte. Já disse que me detenho, neste *excursus* histórico, em algumas etapas que considero essenciais na história da teoria das formas de governo, isto é, em algumas teorias exemplares. No curso da filosofia política medieval, não existem etapas verdadeiramente fundamentais no desenvolvimento da teoria das formas de governo. Aqui me limito a aduzir alguns motivos deste vazio, tentando dar-lhe uma explicação.

Não se pode silenciar sobre uma razão externa que pode ter influído na longa pausa da história que estamos expondo em grandes linhas. O texto canônico desta história, a *Política* de Aristóteles, não era conhecido aos escritores cristãos dos primeiros séculos: submerso na crise da civilização antiga, só foi redescoberto no final do século XIII. Quanto ao *De republica*, de Cícero, só foi redescoberto no princípio do século XIX. Quando se redescobriu o texto aristotélico, a repercussão foi muito grande, tão grande que a célebre classificação das formas de governo foi repetida servilmente, ainda que a realidade histórica fosse então bem diferente daquela que suscitara as observações e as distinções dos autores gregos. Aduzo a propósito exemplo bem significativo. Uma das obras políticas mais importantes do Medievo tardio é certamente o *Defensor pacis*, de Marsílio de Pádua (1324). O que Marsílio escreve no Capítulo VIII, dedicado à classificação das constituições, é pura e simples repetição, para não dizer tradução, do trecho aristotélico já citado:

> Existem dois gêneros de partes governantes ou governos, uma temperada, outra viciada. E chamo, com Aristóteles [...], bem temperado o gênero em que o governante governa para o benefício comum, de acordo com a vontade dos súditos; enquanto o gênero viciado é o que se mostra faltoso a este propósito. Cada um destes gêneros, ademais, divide-se ainda em três espécies: o temperado em monarquia régia, aristocracia e *politia*, o vicioso nas três espécies de monarquia tirânica, oligarquia e democracia.

Mas gostaria de aduzir uma razão mais profunda, ainda que o faça com muita cautela, já que se trata de generalização que precisaria de maiores provas. Grande parte das teorias medievais do estado, ou pelo menos as dos primeiros séculos, anteriores à grande escolástica (que retoma as teses aristotélicas), têm uma concepção negativa do estado. Chamo concepção negativa do estado aquela segundo a qual a tarefa essencial do estado é remediar a natureza má do homem, de modo que o estado é visto sobretudo como dura necessidade e é considerado sobretudo em seu aspecto repressivo (cujo símbolo é a espada). Inteiramente outra fora a concepção grega do Estado. Basta recordar que, para Aristóteles, o fim do estado não é só permitir a vida em conjunto, mas assegurar aos quem vivem juntos uma "boa vida". Para quem postula a natureza má do homem (o homem depois da queda, o homem do pecado original), a tarefa do estado não é promover o bem, mas unicamente evitar, mediante o uso da espada da justiça, o desencadeamento das paixões que tornaria impossível todo tipo de convivência pacífica. À salvação do homem não provê o estado, mas a Igreja. Só para dar ideia do que chamei concepção negativa do Estado, cito trecho extraído de um autor que resume em suas obras enciclopédicas o pensamento cristão dos primeiros séculos, Isidoro de Sevilha (550-636):

Pela vontade de Deus, a pena da servidão foi infligida ao gênero humano por causa do pecado do primeiro homem; assim, quando Ele nota que a alguns homens não quadra a liberdade, a estes misericordiosamente impõe a escravidão. E, ainda que o pecado da humana origem seja perdoado a todos os fiéis pela graça do batismo, Deus, no entanto, em sua equidade, assim diferencia a vida dos homens, *estabelecendo que alguns sejam servos, outros senhores,* de modo que o arbítrio de agir mal por parte dos servos seja contido e limitado pela autoridade de quem domina. Se, com efeito, todos estivessem livres do temor, quem poderia impedir o mal a alguém? Por isso, entre as gentes se elegem príncipes e reis, a fim de que, *com o terror,* afastem seus povos do mal e, em virtude da lei, *constrinjam-nos a viver retamente.* (*Sententiae,* III, 47.)

Considero difícil encontrar exposição mais incisiva e sintética da concepção negativa do estado: como a razão de ser do estado é a maldade humana, o poder dos governantes só pode manter-se com o terror. Os homens não são naturalmente bons: logo, devem ser constrangidos a ser bons. E o estado é o instrumento deste constrangimento. Aqueles a quem é demandado poder tão terrível pertencem por natureza à raça dos senhores, assim como aqueles que estão fadados a obedecer pertencem à raça dos servos. No capítulo dedicado a Aristóteles, vimos que o regime em que a relação entre governantes e governados é assimilada à relação entre senhores e escravos é a monarquia despótica: nada além da monarquia despótica é o regime descrito no trecho de Isidoro. Naturalmente, numa teoria do estado como esta não há lugar para uma teoria das formas de governo, a qual pressupõe, como repetidamente se viu, que há muitas formas de governo e que, destas, algumas são boas e outras más. Se todas as constituições são más (e o são necessariamente), se todas as constituições são igualmente despóticas, se o estado, pelo próprio fato de ser estado, só pode ser despótico, se, em outras palavras, estado e despotismo são *unum et idem,* não há lugar para sutis distinções das formas de governo em gêneros, espécies e subespécies.

Poder-se-ia objetar que também Platão tinha concepção negativa dos estados existentes, todos maus em relação à república ideal; mas, justamente, Platão contrapunha os estados existentes ao ótimo estado e, portanto, ainda que por dedução racional, tinha ideia do estado bom. Uma passagem como a de Isidoro não contrapõe o estado mau ao estado bom. Aqui o contraste é outro: é o contraste não entre estado bom e estado mau, mas entre estado e igreja. O grande tema da política medieval é o tema da dicotomia estado-igreja, não o tema da variedade histórica dos estados. A salvação dos indivíduos não ocorre no estado, tal como era para os escritores gregos e será para os escritores políticos que inauguram a tradição do jusnaturalismo moderno, como Hobbes, mas através de uma instituição diversa do estado, superior ao estado, sob certos aspectos até antitética ao estado, uma instituição que tem a missão extraordinária de levar os homens ao reino de Deus. Não resisto à tentação, pulando alguns séculos mas permanecendo dentro da mesma tradição de pensamento, de citar trecho célebre em que a contraposição entre os dois reinos não poderia ser definida com maior força. Trata-se do escrito *Sobre a autoridade secular* (1523), de Lutero:

> Todos os que não são cristãos pertencem ao reino do mundo ou, em outras palavras, estão sob a lei. De fato, são poucos os verdadeiros cristãos e menos ainda quantos se conduzem segundo o espírito cristão, abstendo-se de fazer o mal, sem falar em não resistir ao mal [a eles feito]. Para os demais, Deus estabeleceu outro governo, para além do estado cristão e do reino de Deus, e os pôs sob a espada. Assim, embora o queiram fazer de bom grado, não podem exercer sua maldade e, se o fizerem, não será sem temor ou com serenidade e contentamento. *Do mesmo modo, com cadeias e correntes se amarra um animal feroz e selvagem a fim de que não possa morder nem investir segundo o instinto*, ainda que este mesmo instinto o predisponha a tanto; mas um animal manso e doméstico não tem necessidade disso, sendo inofensivo mesmo sem cadeias e correntes. (LUTERO, Martinho. *Scritti politici*. Ed. Utet, p. 403.)

Para encontrar na história outra concepção negativa do estado comparável à dos primeiros pensadores cristãos, será preciso chegar até Marx. A ele dedicarei um capítulo, mas desde agora se pode dizer que Marx, partindo de uma concepção negativa da história, pelo menos até o momento da ressurreição por meio da revolução, isto é, partindo da concepção da história segundo a qual toda sociedade até agora havida (salvo as sociedades primitivas) está dividida em classes antagônicas, afirma que a classe dominante tem necessidade de uma força repressiva, em que consiste precisamente o estado, para manter seu domínio. O ponto de partida de Marx não é o homem mau, menos ainda o homem mau porque manchado pelo pecado original; por assim dizer, é a sociedade má em seu conjunto, porque a divisão do trabalho produz a divisão em classes, e a divisão em classes perpetua a desigualdade entre proprietários e não proprietários. Mesmo assim, é um ponto de partida que tem como consequência o reconhecimento da necessidade de um férreo domínio, porque sem férreo domínio a classe dominante não poderia manter o próprio poder. Também para Marx o estado não pode ser conservado sem terror, com a diferença de que este terror não é tornado necessário pela perversidade dos súditos, mas pelas condições objetivas das relações de produção que deram origem a uma sociedade de desiguais, a qual só pode ser mantida com a força. Não por acaso, Marx fala de "ditadura da burguesia" para indicar o estado burguês e de "ditadura do proletariado" para indicar o estado em que a classe dominante será o proletariado, isto é, designa o estado, toda forma de estado, com um termo que sempre indicou uma forma de poder exclusivo e absoluto. Veremos a seu tempo que, em relação à teoria das formas de governo, a consequência é a mesma que extraímos da concepção negativa do estado própria de alguns escritores cristãos: também em Marx não existe uma verdadeira teoria das formas de governo. Se todos os estados, unicamente pelo fato de ser estados, são "ditaduras", tanto faz um estado quanto o outro. Enquanto houver estado, haverá o domínio da força, a coação, a repressão, a violência da classe que detém o poder sobre a que não detém etc. Naturalmente, também Marx não vê o estado como o fim da história: o estado está destinado a desaparecer para ceder lugar, quando não houver mais classes contrapostas, à sociedade sem estado. Mas, enquanto para os escritores cristãos a salvação do indivíduo está em outra sociedade que corre paralelamente ao estado (*extra ecclesiam nulla salus*), para Marx a solução está no fim do estado, isto é, naquela sociedade não mais baseada nas relações de força que poderá ser instaurada quando tiverem desaparecido as divisões de classe. Numa concepção negativa do estado, não pode deixar de haver a afirmação de um momento positivo, isto é, de uma entidade que se contrapõe ao estado e que, a ele se contrapondo, domina-o e afinal o derrota. Este momento positivo é para os escritores cristãos a igreja, para Marx a sociedade sem classes; para uns, uma forma de verdadeiro antiestado, para outro o não-estado. Para completar o quadro das concepções negativas do estado, uma vez que há pouco recordei Platão, deve-se acrescentar que a solução platônica do estado negativo não é nem o antiestado nem o não-estado, mas o estado ideal, que é a sublimação do estado, o superestado, a sociedade organizada de modo que as desigualdades de que se origina o estado como puro domínio sejam fixadas de uma vez por todas e perpetuadas; em outras palavras, não se trata da eliminação da divisão da sociedade em classes, mas de sua eternização.

Sobre o escasso interesse dos escritores cristãos pela classificação das formas de governo também pode ser dada uma explicação filosófica: o problema central dos escritores políticos dos primeiros séculos depois do cristianismo é, antes de mais nada, um problema moral. Trata-se do problema da relação entre o estado, seja qual for sua forma histórica, e a justiça. Agostinho formula com extrema clareza o problema, a que todo o pensamento político medieval tenta dar uma resposta, quando se pergunta:

> Uma vez que se prescinda da justiça, o que são os reinos a não ser bandos de ladrões? E o que são os bandos de ladrões a não ser pequenos reinos? [...] Inteligente e veraz, por isso, foi a resposta dada a Alexandre, o Grande, por um pirata que caíra em seu poder. Tendo o rei lhe perguntado por que motivo infestava os mares, com audaciosa liberdade o pirata respondeu: "Pelo mesmo motivo pelo qual infestas a terra; como o faço com pequeno navio, chamam-me pirata, e a ti, como o fazes com grande frota, chamam-te imperador." (*De civitate dei*, IV, 4.)

Desta formulação ética do problema político gostaria de destacar pelo menos uma consequência: o interesse que o pensamento político medieval teve pelo problema da "tirania". Ousaria dizer que, de todos os grandes temas políticos que compõem a herança do pensamento clássico, o tema da tirania será talvez o que foi mais amplamente tratado no limiar do pensamento moderno, na véspera do surgimento de Maquiavel.

O tema maquiaveliano (e maquiavélico!) por excelência, o tema do "príncipe novo", é o mesmo tema clássico do tirano, isto é, daquele que conquista o poder de fato e o mantém, exercendo-o segundo regras que não são as da moral pública (ou da moral religiosa). É o mesmo tema, mas não mais tratado como problema moral nem como problema jurídico. Entre os tratados medievais sobre a tirania, o mais célebre é o de Bartolo (1314-1357), em *De regimine civitatis*, que introduz a distinção destinada a ter fortuna entre o tirano que é tal por exercer abusivamente o poder – dito *tyrannus ex parte exercitii* – e o tirano que é tal por conquistar o poder sem ter este direito – dito *tyrannus ex defectu tituli*. Talvez o mais completo entre os tratados sobre o tirano seja o de Coluccio Salutati, o *Tractatus de tyranno* (escrito no final do século XV), com o qual Salutati quis responder à pergunta se César devia ser considerado tirano e, portanto, se Dante estava certo em ter colocado seus assassinos no último círculo do inferno. Coluccio retoma uma classificação das formas de governo ou *principatus*, que já se encontra em São Tomás de Aquino, Tolomeu de Lucca e Egídio Romano, e que deriva aproximadamente de Aristóteles, sem ser aristotélica no sentido estrito da palavra. As três formas de *principatus* são o *principatus regius*, o *politicus* e o *despoticus*. Interessante o critério de distinção, que é extraído das relações familiares (assim como foram apresentadas no livro primeiro da *Política* de Aristóteles): o *principatus regius* é aquele em que o rei governa como o pai sobre os filhos; o *politicus* é aquele em que governa como o marido sobre a mulher; o *despoticus* é aquele em que governa como o senhor sobre os escravos. Retorna a distinção, também aristotélica, entre o poder exercido no interesse dos súditos (o poder paterno), o exercido no interesse seja daquele que tem o poder, seja daqueles a quem se dirige o poder (o poder conjugal), e o exercido no interesse exclusivo daquele que governa (o poder senhorial). Com relação à tirania, Coluccio retoma a distinção entre as duas formas de tirania, identificadas por Bartolo: tirano é tanto quem *"invadit imperium et iustum non habet titulum dominandi"* – e se trata do príncipe que conquista o poder sem ter o justo título e é, portanto, o príncipe usurpador, ilegítimo etc. –, quanto quem *"superbe dominatur aut iniustitiam facit vel iura legesque non observat"* – e é o príncipe que, mesmo tendo o poder a justo título, exerce-o violando as leis, abusando dos próprios privilégios, tratando cruelmente os súditos etc. Por antítese, o príncipe legítimo e justo, não tirano, é o que ao mesmo tempo tem o justo título para governar – *"cui iure principatus delatus est"* – e governa com justiça – *"qui iustitiam ministrat et leges servat"*. Estas poucas referências à teoria do tirano também servem de introdução a Maquiavel.

Capítulo VI

Maquiavel

Com Maquiavel têm início muitas coisas importantes na história do pensamento político, inclusive uma nova classificação das formas de governo. Das formas de governo Maquiavel trata tanto em *O Príncipe** quanto nos *Discursos sobre a primeira década de Tito Lívio*. Ocupar-me-ei de ambas as obras, advertindo que, também em relação ao tema que nos diz respeito, a análise acusa a diferença entre elas, de política militante a primeira, de teoria política, mais destacada dos acontecimentos do tempo, a segunda.

A novidade da classificação de Maquiavel em relação à classificação clássica aparece desde as primeiras palavras com que se abre *O Príncipe*, dedicadas exatamente a nosso tema:

> Todos os estados, todos os domínios que tiveram e têm império sobre os homens foram e são repúblicas ou principados.

Estas duas linhas são importantes para a história do pensamento político também porque introduzem a palavra, destinada a ter fortuna,

---

*. Obra publicada em *Clássicos Edipro*. (N.E.)

"estado", para indicar o que os gregos chamaram *polis*, os romanos *res publica* e um grande pensador político, como o francês Jean Bodin, meio século depois de Maquiavel, ainda chamará *republique*. Sobre o uso e a fortuna do termo "estado" na época de Maquiavel e imediatamente depois, na Itália e fora da Itália, escreveu-se muito, mesmo recentemente. Não me detenho nisso, mas aconselho ler a quem quiser ter algumas informações adicionais o Capítulo IV de *Dottrina dello stato*, de A. Passerin d'Entrèves, intitulado "O nome estado: gênese e fortuna de um neologismo" (Turim: Giappichelli, 1962, p. 47-60).

Pelas linhas citadas, vê-se logo que Maquiavel substitui a tripartição clássica, aristotélico-polibiana, pela bipartição. As formas de governo passaram de três a duas: principados e repúblicas. O principado corresponde ao reino, a república compreende tanto a aristocracia quanto a democracia. A diferença continua a ser quantitativa (e não só quantitativa), mas é simplificada: os estados são governados por um ou por vários. Esta é a diferença verdadeiramente essencial. Os "vários" podem ser poucos ou muitos, razão pela qual no âmbito das repúblicas se distinguem as repúblicas aristocráticas e as repúblicas democráticas. Mas esta segunda distinção não está mais baseada em diferença essencial. Em outras palavras: ou o poder reside na vontade de um só, e tem-se o principado; ou o poder reside numa vontade coletiva, que se expressa num colegiado ou numa assembleia, e tem-se a república em suas diversas formas. A diferença entre a vontade de um colegiado restrito, como pode ser o de uma república aristocrática, e a vontade de uma assembleia popular, como pode ser a de uma república democrática, não é tão relevante como a diferença entre a vontade do soberano único, que é a vontade de uma pessoa física, e a vontade de um soberano coletivo, que é a vontade de uma pessoa jurídica (de uma *pessoa ficta*). O que muda na passagem do principado à república é a natureza mesma da vontade; o que muda na passagem da república aristocrática à república democrática é só o modo diverso de formação de uma vontade coletiva. Uma vontade coletiva, seja qual for, tem necessidade para sua formação de que sejam respeitadas certas regras de procedimento (como, por exemplo, a da maioria) que não se aplicam à formação da vontade única do príncipe, uma vez que esta vontade se identifica com a de uma pessoa física.

Independentemente destas considerações jurídicas, a distinção de Maquiavel correspondia muito melhor à realidade de seu tempo do que a classificação dos antigos. A teoria das formas de governo, formulada pelos gregos, não nascera da cabeça dos filósofos. Nascera da observação das constituições das cidades gregas, de suas características e de suas mudanças. Tinha base histórica, como se depreende claramente das referências que tanto Platão quanto Aristóteles fazem a esta ou àquela constituição real, sempre que se lhes apresenta a ocasião. E não se deve esquecer que o próprio Aristóteles, em obra que se perdeu, recolhera 158 constituições de seu tempo. A realidade política do tempo de Maquiavel mudara profundamente. Não podia escapar a quem escreve ser, para um escritor de coisas políticas, "mais conveniente procurar a verdade efetiva das coisas do que a imaginação delas", e que olha com suspeição a todos aqueles que "imaginaram repúblicas e principados que jamais se viram nem se reconheceram como verdadeiros" (*O Príncipe*, XV). Ao observador desinteressado a Europa do tempo de Maquiavel oferecia o espetáculo dos *regna*, como o inglês, o francês, o hispânico, que se formavam pouco a pouco após a queda e a dissolução do império romano, e dos quais alguns, naquele tempo, transformavam-se nos grandes estados territoriais de que nasce o "estado moderno", e das *civitates*, que se expandiam, estendendo seu domínio para os territórios circunstantes e abrangendo outras cidades menores, e que eram governadas por senhores temporários e eletivos, e/ou por colegiados ou conselhos de notáveis ou de representantes, de que a Itália apresentava, no tempo de Maquiavel, exemplos conspícuos com as repúblicas de Gênova, de Veneza e da própria Florença. E não se deve esquecer que, também em relação à história passada, o campo das reflexões de Maquiavel não foram as cidades gregas, mas a república romana: uma história secular e gloriosa, que parecia feita de propósito, em seu percurso dividido principalmente, salvo os séculos iniciais, entre uma república e um principado, para confirmar a tese de que os estados são, precisamente como se queria demonstrar, ou repúblicas ou principados.

Que esta distinção não era de conveniência ou puramente livresca pode ser provado pelo fato de que Maquiavel a ela retorna muitas vezes e dela se serve para compreender a realidade de seu tempo. Limito-me a citar trecho de um escrito menor, *Discorso sopra il riformare lo stato di Firenze a istanza di Papa Leone*, o qual começa com estas palavras:

> A razão pela qual Florença muitas vezes mudou de governo foi porque, nela, jamais houve nem república nem principado que tenha tido as devidas características; porque o principado em que as coisas se fazem segundo a vontade de um, mas se deliberam segundo o consenso de muitos, não pode ser chamado de estável; e também não se pode crer que deva durar a república em que não se satisfazem os humores que, insatisfeitos, fazem arruinarem-se as repúblicas. (*Tutte le opere*. v. II, Milão: Mondadori, 1950, p. 526.)

Esta passagem não deixa lugar a dúvida sobre a importância que Maquiavel atribui à distinção. Trata-se de uma distinção verdadeiramente essencial, tanto que um estado bem ordenado só pode ter uma ou outra constituição. Cada uma das duas, dir-se-ia hoje, tem "lógica" própria, que deve ser respeitada se não se quer criar confusão e dar origem a estados "imperfeitos". O trecho seguinte, do mesmo *Discorso*, é ainda mais explícito:

> E, quanto a refutar o estado de Cosimo, trata-se disso: não se pode ordenar nenhum estado estável se não for verdadeiro principado ou verdadeira república, porque todos os governos situados entre estes dois são imperfeitos, e a razão é claríssima: o principado tem só um caminho para sua dissolução, o qual consiste em descer até a república; do mesmo modo, a república tem só um caminho para sua dissolução, o qual consiste em subir até o principado. Os estados intermediários têm dois caminhos, podendo subir até o principado e descer até a república: daí nasce sua instabilidade. (p. 530)

O trecho é interessante também por outra razão. Na nítida distinção entre principados e repúblicas, não há lugar para "estados intermediários". E não há lugar para os estados intermediários, isto é, para os estados que não são nem carne nem peixe, nem principados nem repúblicas, porque estes estados sofrem do mal típico, como já vimos várias vezes, dos maus estados, isto é, a instabilidade. Uma tese desse tipo parece contradizer a teoria do estado misto, da qual, como veremos daqui a pouco, Maquiavel, admirador da república romana, é defensor, na trilha mesma de Políbio. Como já se disse, uma das razões da excelência do estado misto é a estabilidade. Ora, parece, por esta passagem, que para Maquiavel os Estados estáveis são os simples, ou inteiramente principados, ou inteiramente repúblicas, ao passo que a instabilidade seria uma característica dos "estados intermediários". Estes são instáveis pela mesma razão por que, nos adeptos do estado misto, como Políbio, são instáveis as formas simples, isto é, porque é neles, e não nas formas simples, que ocorre mais facilmente a passagem de uma forma a outra. Não é esta a única contradição entre o Maquiavel historiador e teórico da política e o Maquiavel político e conselheiro de príncipes. Mas, afinal, trata-se verdadeiramente de uma contradição? Os "estados intermediários" e os "governos mistos" são a mesma coisa? Creio que não. De fato, pode-se sustentar que nem todas as combinações entre diversas formas de governo são boas, isto é, são verdadeiros governos mistos. Não basta combinar uma forma de governo com outra para ter um governo misto. Existem combinações que são bem-sucedidas e outras que não o são. Uma combinação pode ser feliz síntese de constituições opostas e é, então, superior às constituições simples; mas uma combinação também pode ser contaminação de constituições que não se conjugam entre si, e então uma constituição simples é superior. Como veremos daqui a pouco, o governo misto que Maquiavel identifica no estado romano é uma república, uma república composta, complexa, formada de diversas partes em relação de *concordia discors* entre si. O Estado intermediário que ele desaprova, ao contrário, é um Estado que deriva não tanto de fusão de diversas partes num todo que as transcende, mas de compromisso provisório entre duas partes em conflito que não conseguiram encontrar uma constituição unitária que as compreenda, superando a ambas. Resta, de todo modo, o fato de que este discurso sobre a reforma do estado de Florença está tão ligado à circunstância histórica para a qual foi escrito, que não pode ser comparado *sic et simpliciter* ao discurso teórico sobre as formas de governo em geral, que Maquiavel expõe nos *Discursos*.

Uma vez distinguidos os estados em principados e repúblicas, *O Príncipe* dedica-se ao estudo dos primeiros:

> Deixarei de lado a argumentação sobre as repúblicas, porque de outra feita argumentei longamente sobre elas. Voltar-me-ei só para o principado,

irei completando o esboço acima descrito e discutirei como estes principados podem ser governados e mantidos. (Capítulo II)

Aqui me detenho, conforme a intenção do curso, só na classificação dos principados. A primeira distinção introduzida no livro é entre principados hereditários, em que o poder se transmite com base numa lei constitucional de sucessão, e principados novos, em que o poder é conquistado por um senhor que, antes de conquistar aquele estado, não era "príncipe" (como ocorreu em Milão, para dar o exemplo com que o próprio Maquiavel introduz o discurso sobre os principados novos, por obra de Francesco Sforza). O livro é dedicado quase inteiramente aos principados novos. O que importa a Maquiavel é pôr as premissas para poder invocar no fim, na célebre exortação final, o "novo príncipe" que deverá redimir a Itália do "bárbaro domínio", o novo "Teseu", o "redentor".

Com relação aos principados hereditários, existem duas espécies deles:

> Os principados [naturalmente, os principados hereditários de que se fala neste capítulo] dos quais se tem memória veem-se governados de dois modos diversos: ou por um príncipe e todos os demais servos, os quais, como ministros por sua graça e concessão, ajudam a governar tal reino; ou por um príncipe e barões, os quais, não por graça do senhor, mas por antiguidade de sangue, mantenham tal estatuto. (Capítulo IV)

O critério de distinção entre estes dois tipos de principado é claro: existem príncipes que governam sem intermediários, cujo poder, portanto, é absoluto, com a consequência de que os súditos diante deles são "servos", até aqueles que por concessão graciosa do soberano ajudam-no como ministros; existem príncipes que governam com a intermediação da nobreza, cujo poder não depende do rei, mas é originário. Esta segunda espécie de príncipe tem um poder não mais absoluto, porque o compartilha com os "barões", ainda que mantendo sobre todos um poder eminente. Na primeira espécie de principado, Maquiavel retoma o conceito, já consolidado na tradição, da monarquia despótica, de que falara Aristóteles, isto é, da monarquia em que a relação entre dominante e dominado é semelhante à relação entre senhor e servo. A distinção é logo esclarecida pelos exemplos que se seguem:

> Os exemplos desta dupla diversidade de governos são, em nossos tempos, o Grão-Turco e o rei de França. Toda a monarquia turca é governa-

da por um senhor, os outros são seus servos. [...] Mas o rei de França está situado no meio de uma multidão antiquada de senhores, naquele estado reconhecidos por seus súditos e por eles amados; têm suas regalias; o rei não lhes pode tomá-las sem risco. (*Ibidem*)

O exemplo do Grão-Turco é interessante: com a ideia da monarquia despótica também se transmite a ideia do despotismo oriental, que já estava clara, como se viu, em Aristóteles e continuará até Hegel (e além). Há sempre um estado do Oriente, não europeu, que bem serve para demonstrar a existência de uma forma de governo própria dos "povos submissos". Em Aristóteles era a Pérsia, em Maquiavel a Turquia, no século XVIII será a vez da China.

Quanto aos principados novos, a que está dedicada a maior parte do livro, Maquiavel distingue quatro espécies segundo o modo variável pelo qual o poder é conquistado: a) por virtude; b) por fortuna; c) *per scelera* (isto é, pela violência); d) pelo consenso dos cidadãos. Estas quatro espécies se dispõem em pares antitéticos: virtude/fortuna, força/consenso. Os conceitos de virtude e fortuna são, como se sabe, centrais na concepção maquiavélica da história. Por virtude Maquiavel entende a capacidade pessoal de dominar os eventos e realizar, até recorrendo a qualquer meio, o fim proposto; por fortuna entende o curso dos eventos que não dependem da vontade humana. Hoje diríamos: o momento subjetivo e o momento objetivo do movimento histórico. Para Maquiavel, o que alguém consegue não depende inteiramente nem da virtude nem da fortuna, isto é, traduzindo com palavras nossas, não depende inteiramente nem do mérito pessoal nem do favor das circunstâncias, mas de uma coisa e outra em partes iguais:

> Não obstante, e para que nosso livre arbítrio não seja cancelado, julgo poder ser verdade que a fortuna seja árbitra da metade de nossas ações, mas que, ainda assim, nos deixe governar a outra metade, ou quase. (Capítulo XXV)

A diferença entre os principados conquistados por virtude e os conquistados por fortuna é que os primeiros duram mais tempo, os segundos, a que o novo príncipe chega mais por circunstâncias externas favoráveis do que pelos próprios méritos pessoais, são transitórios, destinados a desaparecer em breve tempo.

O principado *per scelera* oferece-nos a oportunidade para outra consideração. Na distinção maquiavélica entre principado e república, não só desaparece a tripartição clássica mas não mais aparece, pelo menos visivelmente, a duplicação das formas de governo em boas e más. Ao menos com relação aos principados, que são o objeto do *Príncipe*, Maquiavel não introduz a distinção entre principados bons e maus, isto é, não repete a distinção clássica entre príncipe e tirano. Como se viu, ele distingue os vários tipos de principado com base no variado modo de conquista, e, se bem que um destes Príncipes, aquele que conquista o poder *per scelera*, corresponda à figura do tirano clássico, Maquiavel considera-o um príncipe como todos os demais. A verdade é que todos os príncipes novos, se considerarmos a figura do tirano ilegítimo, isto é, o tirano *ex defectu tituli*, são tiranos, e não só o príncipe celerado. São tiranos no sentido moderno da palavra, porque seu poder é um poder de fato, cuja legitimação só ocorre, quando ocorre, depois do fato consumado. Precisamente porque todos os príncipes novos são em certo sentido tiranos, nenhum é verdadeiramente tirano. A figura deles não tem, no discurso maquiaveliano, nenhuma conotação negativa. Antes, os príncipes novos por virtude são celebrados como fundadores de estados, são os grandes protagonistas do desenvolvimento histórico que Hegel chamará "indivíduos histórico-mundiais" e em torno dos quais Max Weber construirá a figura do chefe carismático. Diferente é o caso do príncipe que conquista o estado *per scelera* ou "por qualquer via celerada e nefanda" (Capítulo VIII). Este é o tirano inclusive no sentido tradicional da palavra, como de resto se depreende de um dos dois exemplos que Maquiavel dá e ilustra, o de Agátocles, rei de Siracusa (o outro exemplo é o de um contemporâneo, Liverotto de Fermo). Mas, frise-se, mesmo neste caso o juízo de Maquiavel não é moralista. O critério para distinguir entre boa e má política é o sucesso. E o sucesso, para um príncipe novo, mede-se por sua capacidade de conservar o estado (mais uma vez entra em cena o valor da estabilidade). A introdução do sucesso como a única medida de juízo político permite a Maquiavel distinguir, mesmo na categoria do tirano celerado, o bom e o mau tirano. Bom é o tirano que, como Agátocles, mesmo tendo conquistado o estado com delitos cruéis, consegue depois conservá-lo. Mau tirano é Liverotto de Fermo, o qual só conseguiu manter o estado por um ano e depois teve o mesmo miserável fim a que levara seus adversários. Em que consiste a diferença entre os dois príncipes? "Creio que isso decorra – comenta Maquiavel com uma daquelas sentenças que o tornaram ao mesmo tempo famoso e mal-afamado – de crueldades mal usadas ou bem usadas". Todos os dois foram príncipes cruéis, mas, para os fins do resultado, que é a única coisa que conta em política, a crueldade de um foi bem usada, isto é, de modo útil para a conservação do estado; a crueldade do outro não serviu ao único escopo a que um príncipe deve conformar as próprias ações, que é o de manter o poder. Deixo a palavra a Maquiavel:

> Bem usadas se podem chamar as crueldades (se do mal for lícito dizer bem) que se fazem de uma só vez com vistas à própria preservação, e depois nelas não se insiste, sendo convertidas tanto quanto possível em vantagens para os súditos; mal usadas são as que, mesmo poucas a princípio, com o tempo mais crescem do que diminuem.

Uma proposição deste tipo é um exemplo bastante claro do famigerado princípio maquiaveliano segundo o qual "o fim justifica os meios". Qual é o fim de um príncipe? O fim de um príncipe é manter o poder. O juízo sobre a bondade ou a perversidade de um príncipe não é dado com base nos meios que usa, mas só com base no resultado que, sejam quais forem os meios usados, obtém:

> Procure, pois, um príncipe vencer e manter o estado: os meios serão sempre julgados honrosos e por todos louvados. (Capítulo XVIII)

Iniciando *O Príncipe*, Maquiavel, como lemos, diz que em outra ocasião discutira as repúblicas longamente. Refere-se ao primeiro livro dos *Discursos sobre a Primeira Década de Tito Lívio*, que já havia escrito quando começou a escrever *O Príncipe* (em 1513). O Capítulo II deste livro se intitula: "De quantas espécies são as repúblicas e a qual delas pertenceu a República Romana". Como se vê, a inspiração é polibiana: também Maquiavel, como Políbio, preparando-se para discorrer sobre a história de Roma, detém-se a descrever sua constituição e, tendo de descrever uma constituição particular, começa com breve análise das constituições em geral. Mas não deriva de Políbio só a inspiração. Como muitas vezes se notou e comentou, o segundo capítulo dos *Discursos* é paráfrase, quando não às vezes diretamente tradução, do Livro VI das *Histórias* de Políbio. Que este capítulo seja paráfrase e às vezes tradução quase literal de Políbio não significa que estas páginas tão discutidas não contenham reflexões originais. Mas é certo que a derivação é evidente e a semelhança entre os dois textos impressionante. Nas páginas de Maquiavel encontram-se todos os três temas enunciados e desenvolvidos por Políbio: a tipologia clássica das seis formas de governo, a teoria dos ciclos e a do governo misto, exemplificada, como em Políbio, com os governos de Esparta e de Roma. (Como Políbio, Maquiavel distingue Esparta de Roma pelo fato de que Esparta obteve sua constituição de um legislador, Roma, por força das coisas, de uma tradição formada pouco a pouco, quase naturalmente – Maquiavel diz: "ao acaso, e em várias ocasiões, e de acordo com os acontecimentos"). Como Políbio, também Maquiavel enriquece as observações sobre as constituições em geral e a constituição romana com um esboço de história universal que descreve o surgimento dos estados a partir do estado primitivo ou bestial, quando os homens viviam "dispersos, à semelhança dos animais".

Comecemos pela tipologia:

> Alguns que escreveram sobre as repúblicas dizem que há nelas um dos três estados, por eles chamados de principado, governo dos optimates e do povo, e quem organiza uma cidade deve voltar-se para um deles, segundo lhe parecer mais adequado. Outros mais sábios, segundo a opinião de muitos, acreditam que há seis tipos de governo: destes, três são péssimos, três são bons em si mesmos, mas tão fáceis de corromper que também vêm a ser perniciosos. Os bons são aqueles supramencionados; os maus são outros três que destes primeiros derivam, e cada um deles é de tal modo semelhante ao que lhe é próximo que facilmente se salta de um a outro: porque o principado facilmente se torna tirânico, o governo dos optimates com facilidade se torna estado de poucos, o do povo sem dificuldade se converte em licencioso. Tanto é assim que, se um organizador de república institui numa cidade um daqueles três estados, o faz por pouco tempo, porque nenhum remédio pode impedir que degenere em seu contrário por causa da semelhança que têm neste caso a virtude e o vício. (v. 1, p. 97-8)

Na apresentação da tipologia clássica, Maquiavel já acena à sucessão das constituições, na qual se detém mais longamente na página seguinte, com o objetivo de explicar, ainda que sumariamente, sempre sob a batuta de Políbio, as razões da passagem de uma forma a outra. Trata-se da sucessão polibiana segundo a qual toda constituição boa degenera na má correspondente, nesta ordem: governo de um, de poucos e de muitos. Do ponto de vista da terminologia, deve-se observar que dos antigos e originários termos gregos só restou "tirania". Os demais são termos latinos: principado, optimates, governo de poucos, governo popular, governo "licencioso" (que vale por governo de muitos corrompido: em outros lugares, para indicar o estado do povo corrompido, ele diz simplesmente "licença"). A passagem de uma constituição a outra é mais uma vez muito rápida. Cada uma das mencionadas constituições dura "por pouco tempo". E, portanto, mais uma vez, o defeito das constituições simples é a instabilidade. Este defeito é tão grave que mesmo as constituições que, em si mesmas, seriam boas, na realidade, por falta de estabilidade, são más. Esta ênfase no aspecto negativo das constituições positivas é ainda mais forte do que em Políbio. No trecho acima transcrito, Maquiavel escreve que as constituições, mesmo "boas em si mesmas", sendo "fáceis de corromper", também devem ser consideradas "perniciosas". Pouco mais adiante, reforçando o conceito, dirá que

> [...] todos os ditos modos são pestíferos, pela brevidade da vida que há nos três bons e pela perversidade que há nos três maus. (p. 100)

Em Maquiavel, como de resto em Políbio, a classificação das constituições caminha *pari passu* com a ênfase em sua sucessão no tempo. Também para Maquiavel, esta sucessão está preestabelecida e permite enunciar uma verdadeira lei natural. É a lei natural dos ciclos históricos, a polibiana "anaciclose". Aqui a proximidade entre Maquiavel e o historiador de Roma é tão grande que a lei dos ciclos é formulada mais ou menos com as mesmas palavras (como se se tratasse de tradução). Políbio escrevera (repetimo-lo):

> Esta é a rotação das constituições: esta, a lei natural pela qual as formas políticas se transformam, decaem e retornam ao ponto de partida.

E Maquiavel escreve:

> É este o círculo no qual, girando, todas as repúblicas se governaram e se governam. (p. 100)

Contudo, a tese de Maquiavel não é repetição servil daquela de Políbio. Maquiavel é um escritor realista. Que os ciclos ou "círculos", como os chama, se repitam ao infinito não tem nenhuma correspondência com a realidade, sobretudo para um escritor que está em condições de contemplar uma realidade histórica muito mais rica e variada do que a que estava aberta ao olhar dos gregos. Maquiavel parece crer na sequência das seis formas, mas está bastante menos disposto a crer na repetição sem fim da sequência. O ponto embaraçoso da teoria do ciclo era, como já vimos muitas vezes, o seguinte: o que acontece no final da primeira sequência, quando o processo de degradação chegou ao fim (em Platão com a tirania, em Políbio com a oclocracia)? Políbio responde sem hesitação: ocorre o retorno ao princípio, daí a ideia de "rotação". Neste ponto Maquiavel é muito mais prudente. Depois de enunciar a tese do "círculo", acrescenta:

> [...] raras vezes [as repúblicas] retornam aos mesmos governos, porque quase nenhuma república pode durar tanto a ponto de passar muitas vezes por estas mutações e permanecer de pé. Mas pode muito bem acontecer que, nas atribuições de uma república, faltando-lhe sempre conselho e força, ela se torne súdita de um estado próximo que seja mais bem ordenado. (p. 100)

Esta observação é bem digna de um escritor que se propõe, ao escrever sobre coisas políticas, buscar a "verdade efetiva". Maquiavel duvida de que um estado chegado ao grau mais baixo da própria decadência tenha tanta força em si mesmo para retornar ao ponto de partida. A solução mais provável – conjectura – é que, uma vez caído tão baixo, torne-se presa fácil de um estado vizinho mais forte, e mais forte porque "mais bem ordenado". Deste modo, não acontece o retorno à origem no âmbito do mesmo estado, mas uma transferência do domínio de um estado a outro. Supérfluo observar que uma visão desse tipo é mais realista: de fato, serve para dar representação bem mais verídica da dinâmica das forças históricas que criam e destroem os estados, porque compreende não só as forças internas, mas também as externas.

De todo modo, a teoria dos ciclos confirma a concepção essencialmente naturalista que Maquiavel tem da história. Tarefa do historiador é extrair do estudo da história as grandes leis que regulam seus eventos. Só quem é capaz de explicar por que as coisas acontecem também é capaz de prever como acontecerão. Enunciada a lei da rotação, Políbio escrevera:

Quem conhece bem esta doutrina, falando do futuro de um estado, talvez possa cometer erros sobre a duração, mas, se julgar com perfeita objetividade, dificilmente errará ao estabelecer em qual ponto de desenvolvimento ou de decadência se encontra um estado e como se transforma. (VI, 9)

Também Maquiavel crê que o historiador possa prever os eventos futuros, desde que seja tão penetrante e profundo que explique os eventos do passado. Limito-me a duas citações significativas (o problema da concepção da história e da ciência em Maquiavel é um problema tão grande que não pode ser tratado neste lugar):

Quem considera as coisas presentes e as antigas reconhece facilmente como em todas as cidades e em todos os povos existem os mesmos desejos e as mesmas paixões, e como existiram sempre. Assim, a quem examina com diligência os acontecimentos passados é fácil prever o futuro em toda república e aplicar os remédios que foram usados pelos antigos, ou, não encontrando nenhum dos usados, imaginar novos, por conta da semelhança dos eventos. (*Discorsi*. ed. cit., Livro I, Capítulo XXXIX, p. 181)

E ainda nos *Discursos*:

Costumam dizer os homens prudentes, não por acaso nem despropositadamente, que quem quiser ver o que acontecerá deve considerar o que aconteceu: porque todas as coisas do mundo, em todo tempo, têm correspondência com aquelas dos tempos antigos. Isto decorre do fato de que são feitas por homens que têm e tiveram as mesmas paixões, e necessariamente terão como resultado os mesmos efeitos. (Livro III, Capítulo XLIII, p. 435)

O pressuposto da formulação de leis históricas é o reconhecimento da constância de certas características da natureza humana. Em ambos os trechos, Maquiavel insiste neste ponto. No primeiro trecho, fala de "mesmos desejos" e "mesmas paixões", no segundo de "mesmas paixões". A repetição do "mesmo", o retorno do sempre igual explicam a sucessão das constituições segundo uma ordem preestabelecida.

Compreender as leis profundas da história não serve só para prever o que deve acontecer, mas também, e não pareça contraditório, para prevenir, isto é, remediar o mal que a lei permite prever. No primeiro dos dois trechos citados, Maquiavel diz não só que quem examina com diligência as coisas passadas é capaz de prever as futuras, mas também que, feita a previsão, é possível remediar. Maquiavel aplica esta dupla atitude de previsão-prevenção ao problema das constituições. A sequência das seis constituições demonstrou que todas são "pestíferas", não só as tradicionalmente más, mas também, por causa de sua rápida degeneração, as boas. Mas o homem não seria o ser parcialmente livre que é, não determinado inteiramente pela "fortuna" (releia-se a passagem do Capítulo XXV sobre o homem não inteiramente livre e não inteiramente determinado pelos eventos), se não fosse capaz, uma vez descoberto o mal, de buscar um remédio. Pois bem, o remédio para o mau resultado das constituições simples existe e é – mais uma inspiração polibiana – o governo misto. De fato, logo depois de dizer que todas as constituições simples são "pestíferas", Maquiavel continua:

> Deste modo, tendo aqueles que prudentemente fazem as leis reconhecido os defeitos de cada uma, evitando cada forma por si mesma, selecionaram uma que participasse de todas, julgando-a mais firme e estável, porque, quando existem numa mesma cidade principado, optimates e governo popular, cada qual vigia o outro. (p. 100)

A seguir faz o elogio de Licurgo, o qual

> [...] estabeleceu de tal modo suas leis em Esparta que, dando as respectivas partes ao rei, aos optimates e ao povo, fez um estado que durou mais de oitocentos anos, com grande louvor para si e tranquilidade para aquela cidade.

Sólon, ao contrário, instituiu em Atenas um governo popular, "mas o fez de vida tão breve que, antes de morrer, viu nascer a tirania de Pisístrato".

O escopo que Maquiavel se propõe, fazendo o elogio do governo misto, é o de exaltar, como de resto o fizera Políbio, a constituição da república romana. Esta, à diferença da constituição espartana, saída pronta do cérebro de um legislador, formou-se, como já se disse, através de longa gestação que durou séculos, não por vontade de um só legislador, mas *rebus ipsis ac factis*. Depois da expulsão do rei, Roma tornou-se república, mas conservou a função régia com a instituição dos cônsules. Assim,

> [...] existindo naquela república os cônsules e o senado, ela só era mista com duas das três qualidades supramencionadas, isto é, o principado e os optimates. Só restava dar lugar ao governo popular; tornando-se a nobreza romana insolente pelos motivos que mais abaixo se dirão, contra ela se levantou o povo, de modo que, para não perder tudo, foi obrigada a conceder ao povo parte de seus poderes. [...] E tão favorável foi-lhes a fortuna que, embora

se passasse do governo do rei e dos optimates ao governo do povo, pelas mesmas gradações e pelas mesmas razões que acima discutimos, a forma real jamais foi eliminada para dar autoridade aos optimates nem toda a autoridade dos optimates foi diminuída para ser dada ao povo; permanecendo mista, teve-se uma república perfeita. (p. 101-2)

Note-se na última linha o nexo entre ser a república romana "mista" e ser "perfeita". E pense-se por um momento que as constituições que não são mistas chamaram-se, pouco antes, uma vez "perniciosas", outra "pestíferas". Enquanto a república romana permaneceu república aristocrática, ainda que complementada pela presença dos cônsules, não foi perfeita. Só com a instituição dos tribunos da plebe, que representam o elemento popular, alcança, com a obtenção da mistura das três constituições simples, a perfeição. Já vimos muitas vezes em que consiste a perfeição de um governo misto: consiste na capacidade de durar no tempo. Mas não daríamos todo o relevo à argúcia de Maquiavel se não percebêssemos que a virtude do governo misto, na análise que Maquiavel faz da constituição da república romana, é também outra. Deve-se ler o importante Capítulo IV, que é intitulado: "A desunião da plebe e do senado romano tornou aquela república livre e poderosa". Da leitura deste capítulo emerge uma observação nova. O conflito entre as duas partes antagônicas da cidade, os patrícios e os plebeus, os ricos e os pobres, para usar palavras de Aristóteles, uma vez resolvido constitucionalmente através da feliz mediação do governo misto, ao mesmo tempo aristocrático e popular, não garante só a duração da constituição, mas também a liberdade interna do estado. Na passagem seguinte, justamente célebre, Maquiavel faz uma afirmação destinada a ser considerada como antecipação da concepção moderna da sociedade civil, segundo a qual não a harmonia forçada, mas a luta, o conflito, o antagonismo são a condição da força dos estados – nos séculos seguintes, dir-se-á do progresso histórico – e a primeira defesa da liberdade:

> Digo que quem condena os tumultos entre os nobres e a plebe me parece que reprova as coisas que foram a causa primeira que manteve Roma livre, e considera mais os rumores e os gritos que de tais tumultos nasciam do que os bons efeitos que geravam; e não considera que existem em toda república dois pontos de vista diversos, o do povo e o dos nobres, e que todas as leis que se fazem em favor da liberdade nascem de sua desunião. [...] Portanto,

não se podem julgar nocivos estes tumultos nem dividida uma república que durante tanto tempo, por causa de suas diferenças, só mandou para o exílio oito ou dez cidadãos e executou pouquíssimos, e não muitos mais condenou pecuniariamente. De nenhum modo se pode chamar, com razão, de desordenada uma república em que existam tantos exemplos de virtude, porque os bons exemplos nascem de boa educação, a boa educação de boas leis, e as boas leis daqueles tumultos que muitos inconsideradamente condenam; porque quem examinar bem o resultado deles verá que não geraram nenhum exílio ou violência em desfavor do bem comum, mas leis e instituições em benefício da liberdade pública. (p. 104)

A importância de uma afirmação deste tipo – serem os "tumultos" que muitos reprovam não a causa da ruína dos Estados, mas a condição para que sejam produzidas boas leis em defesa da liberdade – não será nunca suficientemente destacada: ela expressa claramente uma nova visão da história, uma visão que podemos dizer verdadeiramente "moderna", segundo a qual a desordem, não a ordem, o conflito entre as partes contrapostas, não a paz social imposta do alto, a desarmonia, não a harmonia, os "tumultos", não a tranquilidade derivada de um domínio irresistível, são o preço que se deve pagar para a manutenção da liberdade. Além disso, através desta visão da função benéfica do conflito entre as duas partes opostas, os patrícios por um lado, os plebeus por outro, as duas "tendências" presentes em toda república, a concepção do governo misto, isto é, do governo no qual as várias partes convivem ainda que numa situação de perene antagonismo, conquista uma profundidade histórica que a teoria meramente constitucional do governo misto jamais tivera até então. O governo misto não é mais só um mecanismo institucional, é o reflexo (a superestrutura!) de uma sociedade bem determinada: é a solução política de um problema, o do conflito entre as partes opostas, que nasce da sociedade civil.

Capítulo VII
Bodin

No período em que acontece a formação dos grandes estados territoriais, a obra política de longe mais importante é *De la République*, de Jean Bodin (1530-1596). Publicada em 1576, em francês (uma edição latina sairá dez anos mais tarde), é, sem exagero, a mais ampla e sistemática obra de teoria política depois da *Política* de Aristóteles. Observou-se que também na divisão da matéria as duas obras se assemelham. A obra de Bodin está dividida em seis livros (a de Aristóteles em oito): no primeiro livro Bodin concentrou a análise dos problemas gerais do estado (correspondente à matéria do primeiro livro aristotélico); o segundo está dedicado às formas de governo, assim como o terceiro e o quarto da *Política*; o sexto, que enfrenta o tema também clássico do ótimo estado, corresponde aos últimos dois livros que fecham a obra de Aristóteles. No entanto, Bodin não é de modo algum um aristotélico. A semelhança da estrutura formal das duas obras não deve fazer pensar em semelhança também substancial. Não há tema sobre o qual Bodin não exiba, às vezes até com animosidade, soluções diferentes daquelas propostas por Aristóteles e seus seguidores passivos.

Bodin passou à história do pensamento político como o teórico da soberania. Mas o conceito de soberania como aquilo que caracteriza a natureza do estado certamente não foi descoberto por Bodin. "Soberania" significa pura e simplesmente "poder supremo", isto é, poder que não reconhece acima de si nenhum outro poder. Na escala dos poderes, de que é constituída toda sociedade hierarquizada, se se parte de baixo para cima, observa-se que um poder inferior está subordinado a um poder superior, o qual, por sua vez, está subordinado a um poder ainda superior. No final da escala, é forçoso que exista um poder que não tem acima de si nenhum outro poder. Este poder supremo, ou *summa potestas*, é o poder soberano. Onde existe um poder soberano, existe o estado. Já os juristas medievais, comentadores do *Corpus iuris*, haviam distinguido entre as *civitates superiorem recognoscentes* e as *civitates superiorem non recognoscentes*: só estas últimas possuíam o requisito da soberania e podiam ser consideradas estados no sentido moderno da palavra. Quando ocorre a ruptura entre os *regna* particulares e o império universal, para afirmar a independência dos *regna*, foi cunhada a fórmula *rex in regno suo imperator*. Esta fórmula servia para significar que o rei se tornara soberano, isto é, *superiorem non recognoscens*. Bodin define a soberania deste modo:

> Por soberania se entende aquele poder absoluto e perpétuo que é próprio do estado. (Livro I, Capítulo 8, na edição italiana dos "Classici della politica" da ed. Utet, organizada por Margherita Isnardi Parente, p. 345)

Os atributos da soberania são dois: a perpetuidade e a absolutez. O que significa "perpetuidade" está claro, ainda que esteja longe de estar claro onde se possa traçar a linha de demarcação entre um poder perpétuo e um não perpétuo. A partir do comentário que se segue e dos exemplos históricos aduzidos, parece que para Bodin um poder não deve ser considerado perpétuo quando tiver sido atribuído a uma pessoa ou a um corpo "por período determinado". Entre os muitos exemplos aduzidos, o mais familiar é o do ditador romano, que Bodin interpretava como simples "comissário" a quem se atribui uma tarefa específica, como a de conduzir uma guerra ou reprimir uma revolta, cumprida a qual cessa o poder extraordinário. (Ao conceito de ditadura deveremos voltar muitas vezes na sequência de nossa argumentação: aqui me limito a chamar a atenção para a figura da chamada "ditadura comissária", que um dos maiores estudiosos da ditadura nas diversas épocas, Carl Schmitt, distingue da ditadura revolucionária). Por "absolutez" se entende que o poder soberano, para ser tal, deve ser *legibus solutus*, isto é, livre da obrigação de obedecer às leis, a saber, às leis positivas, às leis dadas por seus predecessores e àquelas por ele mesmo outorgadas em tempos precedentes. Com as próprias palavras de Bodin:

> Quem é soberano não deve estar de modo algum submetido ao comando de outrem e deve poder outorgar a lei aos súditos, bem como nela cancelar ou anular as palavras inúteis, substituindo-as por outras, coisa que não pode fazer quem está submetido a leis ou a pessoas que exercem poder sobre si. (p. 359)

Contrariamente àquilo em que se acredita de modo habitual, poder absoluto não quer dizer poder ilimitado. Quer dizer simplesmente que o soberano, sendo o detentor do poder de fazer leis que valem para todo o país, não está, ele mesmo, submetido a estas leis, porque "não é possível comandar a si mesmo". Como todos os outros seres humanos, o soberano está submetido às leis que não dependem da vontade dos homens, isto é, às leis naturais e divinas. Na escala ascendente de poderes, o poder do soberano terreno não é o último dos poderes porque acima está a *summa potestas* de Deus, de que dependem as leis naturais e divinas. Outros limites do poder soberano são dados pelas leis fundamentais do estado, que hoje chamaríamos leis constitucionais, como é numa monarquia a lei que estabelece a sucessão do trono:

> O príncipe não pode derrogar as leis que dizem respeito à estrutura mesma do reino e a sua ordem fundamental, por serem elas conexas à coroa e a esta incindivelmente unidas (tal é, por exemplo, a lei sálica); independentemente do que um príncipe fizer a propósito, o sucessor tem pleno direito de abolir tudo o que tenha sido realizado com prejuízo daquelas leis em que a própria majestade se apoia e se fundamenta. (p. 368)

Outro limite ao poder do soberano é dado pelas leis que regulam as relações privadas entre os súditos, *in primis* as relações de propriedade:

> Se o príncipe soberano não tem o poder de ultrapassar os limites das leis naturais, estabelecidas pelo Deus do qual é imagem, só poderá tomar

os bens alheios com motivo justo e razoável: por compra, troca ou confisco legítimo, ou para a salvação do estado. [...] Não subsistindo as razões que mencionei, o rei não pode apossar-se da propriedade alheia e dela dispor sem o consentimento do proprietário. (p. 398-9)

Não preciso sublinhar a importância desta última limitação do poder "absoluto" do estado: é a limitação que serve para fazer compreender que a sociedade diante dos olhos de Bodin é uma sociedade dividida entre uma esfera pública e uma esfera privada, entre a esfera do súdito e a esfera do "burguês", que fora do estado existe a sociedade civil, isto é, a sociedade das relações econômicas, que têm tendência permanente a se subtraírem ao poder do estado. A distinção entre a sociedade dos indivíduos, regulada pelo direito privado, que é um direito entre iguais, e a sociedade política, regulada pelo direito público, que é um direito entre desiguais, acompanha a formação do estado moderno e não é de modo algum, como muitas vezes se ouve dizer, invenção de Hegel!

Detive-me na definição que Bodin dá para soberania porque, como veremos em breve, Bodin distingue entre titularidade da soberania e seu exercício, e esta distinção incide na teoria das formas de governo. Antes, representa o aspecto mais original da teoria bodiniana das formas de governo. Em contraste com a tradição também está a refutação, que Bodin faz desde o início da análise do tema, a que está dedicado todo o livro segundo, de duas teses clássicas, a da duplicação das constituições em boas e más e a do governo misto.

Para Bodin, as formas de estado (Bodin diz état, que o tradutor italiano traduz por "regime", para distinguir o "estado" ou "regime" de "governo", como veremos mais adiante) são três, e só três, e são as três formas clássicas, monarquia, aristocracia e democracia.

Afirmamos que só existem três regimes e três formas de estado: a monarquia, a aristocracia, a democracia. E já dissemos que monarquia se chama o estado em que um só tem a soberania, e o resto do povo dela está excluído; democracia ou regime do povo, aquele em que todo o povo ou sua maioria reunida em assembleia tem o poder soberano; aristocracia, aquele em que uma minoria, reunida em corpo, tem o poder soberano e dá a lei para o resto do povo, seja em geral, seja aos indivíduos. (p. 544)

Logo depois de fazer esta classificação, Bodin se apressa em dizer que as formas de estado são apenas três, seja porque não tem nenhum fundamento a distinção entre formas boas e más, seja porque jamais existiu aquela sétima forma, que alguns escritores antigos e modernos (entre os modernos, cita Maquiavel) erradamente identificaram com o governo misto. Com relação à distinção em formas boas e más, o argumento principal aduzido por Bodin para refutar sua relevância é que, se se devesse distinguir as constituições, respectivamente, com base em seus defeitos e em seus méritos, o número de constituições que daí derivaria seria infinito. Precisando seu pensamento, Bodin explica que, para dar definições válidas, não podemos nos deter em "fatores acidentais", mas precisamos captar "diferenças essenciais e formais". Em suma, a consideração dos estados com base em méritos e defeitos provocaria uma casuística tão ampla que tornaria impossível toda tentativa de ordenamento sistemático, empurraria o investigador "para um labirinto sem fim, vetando-lhe toda possibilidade de verdadeira ciência" (p. 544). Para dizer a verdade, o argumento é um pouco especioso: na realidade, os antigos introduziram a distinção entre formas boas e más com base em critérios bem precisos, como o de força e consenso, ou o de interesse comum e interesse próprio, isto é, não falaram em geral de méritos e defeitos das constituições, mas tentaram identificar algumas diferenças fundamentais de que se pudesse extrair uma distinção baseada em elementos não acidentais. De resto, o próprio Bodin, contradizendo-se, reintroduzirá a distinção tradicional entre bom governo e mau governo quando falar das formas de governo (que distingue, como se disse, das formas de estado). Com relação à teoria do governo misto, o argumento principal (que me parece não menos especioso) é o seguinte: "O poder régio, aristocrático e popular, reunidos, dão por resultado nada menos do que uma democracia" (p. 547). Esta afirmação soa nova e estranha, tanto que convém prestar atenção na explicação que dela dará o próprio autor:

> Na realidade, não se consegue sequer imaginar como se faz para reunir monarquia, senhoria aristocrática, democracia. Se a soberania, como demonstramos, é indivisível, como se pode pensar que possa ser repartida entre um príncipe, senhores e povo? A primeira prerrogativa da soberania é

a de outorgar leis aos súditos; ora, onde estariam os súditos que obedecem, se também tivessem o direito de fazer a lei? Quem poderia outorgar a lei, se ao mesmo tempo se visse forçado a ser seu objeto? Só se deve concluir que, se ninguém tem o poder exclusivo de outorgar a lei, mas tal poder cabe a todos, o regime do estado é democrático. (p. 547)

Tentemos compreender o raciocínio de Bodin. O poder soberano consiste eminentemente em poder de fazer as leis, isto é, estabelecer as normas gerais que alcançam toda a comunidade. Das duas, uma: ou o povo não tem o poder de fazer leis e, então, o estado não é misto, mas será aristocrático se o poder de fazer leis pertencer ao senado, monárquico se pertencer ao rei; ou o poder de fazer leis pertence ao povo e, então, o estado será democrático. No trecho acima transcrito, a afirmação importante é que a soberania, além dos atributos que já consideramos, a perpetuidade e a absolutez, tem também o da "indivisibilidade". O soberano, seja ele um monarca, seja uma assembleia, ou tem todo o poder ou não tem nenhum poder. Quando o poder é realmente dividido, o estado perde sua unidade e, com a unidade, sua estabilidade. O estado ou é unitário ou sequer é estado. Como se vê, o motivo pelo qual Bodin critica o estado misto, isto é, o estado dividido, é justamente o oposto daquele que para os adeptos desta forma de estado constitui sua superioridade. Se o estado for verdadeiramente misto, se verdadeiramente o poder soberano pertence ora a este órgão, ora àquele outro, o estado estará continuamente entregue a conflitos que o dilaceram e solapam sua segurança. A mistura, em vez de ser garantia de maior estabilidade, é a principal causa de instabilidade. Leia-se este juízo:

> Se se der num dia a soberania a um monarca, no outro à minoria do povo, no outro ainda a todo o povo, se, em suma, a soberania for concedida por turnos [...], também neste caso só existirão três regimes justapostos *que não poderão ter vida duradoura*, como em má família na qual a mulher e o marido comandem alternadamente e, em seguida, por sua vez, os empregados comandem a ambos. (p. 547)

No entanto, poder-se-ia argumentar, os estados que antigos e modernos consideraram como estados mistos duraram por mais tempo do que os outros. A resposta de Bodin a esta objeção é muito clara: os estados que antigos e modernos consideraram mistos, na realidade, se examinarmos suas constituições em profundidade e não nos limitarmos a uma análise meramente formal, não são de modo algum mistos, porque uma das partes sempre prevaleceu sobre as outras. Por outro lado, se de fato uma parte não tivesse prevalecido sobre as outras, o estado teria terminado por se precipitar bem rapidamente num conflito destruidor de sua unidade e, em definitivo, de sua natureza mesma de estado. À afirmação de princípio Bodin faz seguir crítica sutil às constituições antigas de Esparta e de Roma, que, como vimos várias vezes, foram consideradas o modelo do estado misto; e acrescenta crítica aos escritores modernos que interpretaram como estado misto a República de Veneza. (Para Bodin, a república romana é um estado democrático, a de Veneza aristocrático.) Que o estado dividido seja um péssimo estado, Bodin repete-o muitas vezes. Basta-nos esta citação a propósito do reino da Dinamarca:

> Certamente, pode-se dizer que o rei e a nobreza da Dinamarca dividem entre si a soberania; mas deve-se acrescentar que *justamente por isso aquele estado não tem paz* [...] *e é antes corrupção de estado do que verdadeiro estado*. De fato, bem dizia Heródoto que, na realidade, só existem três formas de estado, que não cessam nunca de ser agitadas pelo vento das discórdias e pela tempestade das guerras civis até que o poder fique nas mãos de um ou de outro dos contendores. (p. 562, *grifo meu*)

Não se poderia imaginar contraposição mais profunda entre Bodin e os defensores do estado misto: aquele estado que, para uns, é o estado por excelência, para Bodin nada mais é do que "corrupção de estado". E o estado que, para os autores criticados, é um estado "pestífero", para usar o epíteto de Maquiavel, isto é, o estado de constituição simples, é para Bodin, ao contrário, o "verdadeiro" estado.

Na realidade, o contraste é menos profundo do que parece de acordo com os trechos citados, desde que se considere a distinção entre formas de estado e formas de governo, que já mencionei e que agora deve ser examinada mais a fundo. Para antecipar a conclusão, creio se possa dizer que o reconhecimento de que existem estados compostos retorna, na análise dos estados históricos feita por Bodin, através da distinção entre a titularidade da soberania, que pode pertencer, por exemplo, a um monarca (de sorte que o estado é monárquico), e o exercício da soberania, que pode ser confiado pelo rei a uma assembleia aristocrática ou popular: esta distinção tem por consequência que um estado pode ser monárquico-aristocrático ou monárquico-democrático, sem por isso ser estado misto. No momento em que Bodin se prepara para falar da forma de estado monárquica e para distinguir seus vários tipos históricos, reapresenta a distinção, a que atribui tanta importância a ponto de considerá-la "um segredo de estado que ainda não foi transmitido por ninguém", entre estado (que a tradução italiana traduz como "regime") e governo. Como se vê pelo trecho seguinte, a existência de estados compósitos, expulsa pela porta da crítica ao governo misto, volta pela janela da distinção entre estado e governo.

> O regime pode ser monárquico mas com governo democrático, se o príncipe permite a todos participar de assembleias dos estados, magistraturas, cargos, recompensas, sem observar nobreza, riqueza ou mérito. Ao contrário, pode ser sempre monárquico mas com governo aristocrático, se o príncipe só confere poder ou benefícios aos nobres, aos mais merecedores ou aos mais ricos. Da mesma forma, uma senhoria aristocrática pode ter governo democrático, se honras e recompensas são distribuídas com igualdade entre todos os súditos; governo aristocrático, se só aos nobres e aos ricos. Esta variedade de formas de governo induziu alguns ao erro, *levando-os a propor formas mistas de estado*, sem se darem conta de que o governo de um estado é coisa bem diferente de sua administração e do modo de governá-lo. (p. 570, *grifo meu*)

Nesta passagem, Bodin não fala da diferença entre regime e governo com relação à democracia. Mas fala disso no capítulo dedicado especificamente à democracia (Livro II, Capítulo VII). Também neste caso lamenta a confusão feita por Aristóteles entre regime de um estado e seu governo, observando a seguir:

> Se a maioria dos cidadãos for soberana, mas o povo só conceder cargos honoríficos, privilégios e benefícios aos nobres, como se fez em Roma até a lei Canuleia, ter-se-á uma democracia com governo aristocrático; se o poder, ao contrário, estiver nas mãos da nobreza ou dos ricos, que são a minoria, e cargos, honras e benefícios forem conferidos pelos senhores, indiferentemente, tanto a cidadãos pobres e humildes quanto a cidadãos ricos, sem privilégios particulares para ninguém, ter-se-á uma aristocracia com governo democrático. E mais: se todo o povo ou sua maioria tiver a soberania e

conferir cargos e benefícios a todos, sem privilégios particulares, ou mesmo se os cargos forem distribuídos entre todos os cidadãos pelo sistema de sorteio, poder-se-á afirmar que não só o regime de tal estado é democrático, mas também o é o governo. (p. 660)

O que surge da introdução da distinção entre estado e governo? Surge uma tipologia das constituições muito mais rica do que aquela que Bodin fizera supor, apresentando no início de seu estudo a tripartição das constituições simples. Pelos trechos citados, verifica-se que as constituições não são mais três, mas seis. Precisamente: monarquia aristocrática e monarquia democrática, aristocracia aristocrática e aristocracia democrática, democracia aristocrática e democracia democrática. Se se considera, a seguir, que a forma de governo também pode ser monárquica, no caso de o exercício do poder ser confiado a um só, daí resultam outras três formas: monarquia monárquica, aristocracia monárquica e democracia monárquica. No todo, então, combinando formas de estado e formas de governo, as constituições possíveis se tornam nove.

A distinção entre estado e governo será retomada dois séculos depois por Rousseau no *Contrato social**, com a diferença de que, em Rousseau, a soberania reside unicamente no povo, isto é, no corpo coletivo que expressa a vontade geral e, portanto, só existe para ele uma forma de estado, o estado baseado na soberania popular que ele chama "república". Mas a república popular pode ser governada de três modos diversos segundo o exercício do poder, o chamado poder executivo, seja atribuído a um, a poucos ou a muitos. Também Rousseau não repudia a tripartição clássica, mas admite-a não mais no plano do poder legislativo, que pertence sempre e exclusivamente ao povo, mas no plano do poder executivo, que pode ser atribuído, segundo os regimes, a um só magistrado, a um grupo restrito de magistrados ou a todo o povo. Suas próprias palavras servem para esclarecer esta perspectiva e, ao mesmo tempo, fazem entender melhor a inovação de Bodin:

Em primeiro lugar, o corpo soberano pode atribuir a função de governo a todo o povo ou à maior parte do povo, de modo que haja mais cidadãos magistrados do que simples cidadãos privados. A esta forma de governo se

---

*.   Obra publicada em *Clássicos Edipro*. (N.E.)

dá o nome de *democracia*. Ou pode restringir o governo às mãos de uma minoria, de modo que haja mais simples cidadãos do que magistrados; e esta forma toma o nome de *aristocracia*. Por fim, pode concentrar todo o governo nas mãos de um único magistrado, do qual todos os outros recebam seu poder. Esta terceira forma é a mais comum e se chama *monarquia* ou governo régio. (*Contrato social*. Livro III, Capítulo III.)

Se bem que a escolha política de Rousseau seja oposta à de Bodin, uma vez que o autor do *Contrato social* identifica a soberania com a soberania popular, enquanto Bodin considera que a soberania possa residir tanto no povo quanto no príncipe único ou na classe dos optimates, e, antes, quando deve expressar a própria preferência se pronuncia explicitamente pela monarquia, a lógica do discurso rousseauniano é idêntica à do autor de *De la République*. Também para Rousseau, uma das características da soberania é a indivisibilidade (a que dedica um capítulo *ad hoc*, Capítulo II do Livro II). A soberania ou é única ou não é. Com vigor, Rousseau critica os que dividem a soberania e, depois de tê-la dividido, consideram poder recompô-la unitariamente, e os compara sarcasticamente àqueles charlatães japoneses que esquartejam um menino diante dos espectadores e, a seguir, lançando ao ar seus membros um após o outro, fazem-no cair vivo e todo reunido. À diferença de Bodin, Rousseau não recusa a categoria do governo misto porque a interpreta como divisão não do estado, como a interpreta Bodin, mas divisão do governo. O fato de que o governo seja dividido não comporta, de modo algum, a divisão da soberania (ou do estado). Antes, a divisão dos poderes do governo, segundo Rousseau, é coisa tão normal que todos os governos são de fato mistos: "Não existem governos simples" (Livro III, Capítulo VII).

A breve referência a Rousseau permite-nos esclarecer melhor a inovação de que Bodin se vangloria. A inovação consiste em interpretação diferente do fenômeno, tão frequente nas constituições de todos os tempos, da simultânea presença de órgãos monocráticos e de órgãos colegiados, de órgãos colegiados restritos e de órgãos colegiados representativos da maioria do povo, isto é, de órgãos que representam, cada qual, um princípio constitucional diverso, ora o monárquico, ora o aristocrático, ora o democrático. Os teóricos do governo misto sustentam tratar-se de divisão do poder soberano em partes distintas, das quais cada qual tem soberania limitada. Ao contrário, Bodin sustenta tratar-se de um estado em que o governo ou poder executivo está regulado com base em princípio diverso daquele no qual se baseia o poder soberano, e, portanto, o poder soberano continua a residir num órgão único (logo, o estado é simples), ainda que os órgãos a que se confia o poder executivo obedeçam a um princípio diverso. Considere-se o exemplo costumeiro da constituição da Roma republicana: para os teóricos do governo misto, a república romana é um estado em que a soberania está dividida entre cônsules, senado e assembleias populares; para Bodin, é um estado democrático, isto é, um estado no qual o poder soberano reside no povo, que tem como órgãos executivos da vontade soberana única os cônsules e o senado. Em palavras mais pobres, pode-se dizer que uns veem no estado misto um equilíbrio de poderes igualmente soberanos; Bodin, que não crê na possibilidade de que poderes soberanos possam coexistir entre si num único estado sem destruí-lo, nele vê um poder predominante, que é, em definitivo, o verdadeiro poder soberano, e outros poderes subordinados que constituem não o regime, mas o governo, não o poder legislativo, que é o fundamento de todos os outros poderes, mas o poder executivo, que age em nome e por conta do poder legislativo.

A distinção entre regime e governo, entre titularidade da soberania e seu exercício tem outra consequência relevante no conjunto da teoria bodiniana das formas de governo. Vimos até aqui que esta distinção serve para compreender a realidade complexa dos estados sem recorrer à teoria, que Bodin considera ficção, do governo misto. Vimos igualmente que Bodin rechaça, das teorias tradicionais, não só o conceito de governo misto, mas também o das formas degeneradas. Pois bem, a distinção entre regime e governo permite a Bodin compreender e, portanto, incluir também em seu sistema geral o fenômeno das formas degeneradas, porque o que constitui o fenômeno das formas degeneradas é um vício não da soberania como tal, mas de seu exercício. Cada um dos três regimes, monarquia, aristocracia e democracia, pode assumir, segundo Bodin, três formas diversas. Toda monarquia pode ser régia, despótica e tirânica. Toda aristocracia pode ser legítima, despótica e facciosa. Toda democracia pode ser legítima, despótica e tirânica. A propósito das três formas de monarquia, Bodin logo adverte que não se trata de "três regimes diversos, mas só de um modo de exercer o governo num estado de regime monárquico" (p. 570). A mesma coisa pode ser repetida para as três formas de aristocracia e para as três formas de democracia. O pensamento de Bodin mostra-se claríssimo a partir da definição que dá das três formas de monarquia:

> A monarquia régia ou legítima é aquela em que os súditos obedecem às leis do rei, e o rei às leis da natureza, restando aos súditos a liberdade natural e a propriedade de seus bens. A monarquia despótica é aquela em que o príncipe se tornou senhor dos bens e das próprias pessoas dos súditos por direito de armas e de guerra justa, e governa os súditos como um chefe de família a seus escravos. A monarquia tirânica é aquela em que o monarca pisoteia as leis da natureza, abusa tanto dos livres como dos escravos, dispõe dos bens dos súditos como de bens próprios. (p. 570)

Mais ou menos as mesmas fórmulas podem ser usadas para descrever as três formas de aristocracia e as três formas de democracia. O que nos sugerem estas definições de estado legítimo, estado despótico e estado tirânico? Sugerem-nos algo muito simples: a saber, que Bodin, depois de refutar o reconhecimento da distinção entre formas corretas e formas corrompidas com relação à forma de estado, reintroduz a distinção quando considera o modo pelo qual o soberano, seja o príncipe, seja o conselho dos optimates, seja a assembleia popular, exerce o poder. De fato, o que são a forma despótica e a forma tirânica, que ele considera em toda forma de estado, a não ser corrupção das respectivas formas "legítimas"? Mas, então, o que muda na sistematização de Bodin não é a presença ou ausência das formas corrompidas, mas pura e simplesmente sua reinterpretação. Repito: a corrupção não é do estado, mas do governo. Vejamos um pouco qual é a diferença entre monarquia régia e monarquia tirânica. O rei é o monarca que respeita as leis da natureza; o tirano é o que não as respeita. Mas não será esta a diferença entre rei e tirano que nos legou o pensamento clássico? O que é o tirano, tal como Bodin o define, senão o *tyrannus ex parte exercitii* da tradição? Leia-se este trecho de eloquência um tanto convencional em que Bodin contrapõe, em sequência de antíteses, o príncipe bom ao príncipe mau:

A diferença mais notável entre um rei e um tirano é que o rei se conforma às leis da natureza, ao passo que o tirano as pisoteia. Um cultiva a piedade, a justiça, mantém fé na palavra dada; o outro não reconhece Deus, fé ou lei. Um faz tudo o que considera útil em vista do bem público e da tutela dos súditos; o outro só age em vista de seu ganho particular, por vingança ou capricho. [...] Um se compraz em ser às vezes visto e escutado diretamente pelos súditos; o outro se esconde deles como se fossem inimigos. Um tem em alta conta o amor de seu povo, o outro, seu temor. [...] Um é honrado em vida e pranteado em morte, o outro é difamado em vida e, depois de morto, dilapida-se sua memória. (p. 594-5)

Além da monarquia legítima e da tirânica, Bodin conhece a monarquia despótica. O tema da monarquia despótica não é novo: já Aristóteles o reconhecera. Não diferentemente de Aristóteles, também Bodin considera elemento característico do despotismo a relação senhor/escravo. Déspota é quem governa os próprios povos como o senhor aos escravos. O que muda em relação a Aristóteles é a justificação do poder despótico: na *Política*, Aristóteles não hesitara em falar, de acordo com sua teoria da diferença natural entre senhores e escravos, de povos naturalmente submissos. Uma concepção desse tipo depois de séculos de cristianismo não podia mais ser sustentada. A justificação aduzida por Bodin é outra: na passagem citada, fala do déspota como quem se tornou senhor dos próprios súditos "por direito de armas e de guerra justa". Em passagem sucessiva, reitera o próprio pensamento, precisando-o:

Não é inadmissível que um rei, vencidos os inimigos em guerra santa e justa, faça-se senhor de suas pessoas e de suas propriedades por direito de guerra, governando os novos súditos tal como o chefe de família dispõe, na qualidade de dono e, portanto, com pleno arbítrio, de seus escravos e de seus bens. (p. 572)

Considerada como consequência de vitória em guerra justa – observe-se, a guerra deve ser "justa", isto é, deve estar ela mesma justificada por ser considerada reparação de ofensa –, a escravidão é justificada por ser considerada castigo. Como castigo, a escravidão não é mais fato da natureza, mas efeito de um ato de livre vontade (de vontade má, que quis o mal, neste caso a guerra injusta, e deve sofrer as consequências disso). Não deriva *ex natura*, mas *ex delicto*. No âmbito da tradição clássica resta a exemplificação histórica das monarquias despóticas, feita por Bodin, que acrescenta um capítulo, que veremos reproduzido com poucas variantes nos séculos sucessivos, sobre o tema do despotismo oriental.

> As monarquias despóticas que restam hoje são bem poucas [...], todavia ainda se encontra certo número delas na Ásia, na Etiópia e também na Europa – por exemplo, a senhoria dos Tártaros e a Moscóvia. (p. 572)

Neste ponto, é praxe a contraposição entre a Europa livre e o resto do mundo. Depois de expressar a opinião de que o reino da Etiópia é "autêntica monarquia despótica", acrescenta:

> Ao contrário, os povos europeus, mais altivos e guerreiros do que os africanos, *jamais puderam tolerar monarquias despóticas*. (p. 575, *grifo meu*)

Não puderam tolerá-las, mas, quando puderam, impuseram-nas aos povos considerados, precisamente, inferiores. Sem trair nenhum embaraço, Bodin dá este outro exemplo:

> O imperador Carlos V, subjugado o reino do Peru, dele se tornou monarca despótico, de sorte que lá os súditos só dispõem de seus bens em arrendamento e pela duração de suas vidas. (p. 577)

Este exemplo introduz um caso novo e extremamente interessante na fenomenologia do despotismo: o despotismo colonial, ou seja, nas relações entre europeus "livres" e outros povos "submissos". Daí se segue que o despotismo doravante não será só "oriental", mas também "ocidental", quando as grandes nações do Ocidente entrarem em contato com povos de outros continentes considerados civilmente inferiores. Em outras palavras, a existência de povos submissos não justifica apenas o despotismo em sua própria casa, mas oferece argumento para também legitimar o despotismo sobre eles por parte de povos que jamais poderiam admitir regime despótico para si. A partir da época das conquistas coloniais, o despotismo não será mais só caracterizado como regime *de* povos não europeus, mas também legitimado como regime *sobre* povos não europeus por parte de povos europeus. Se é verdade que existem povos habituados a ser governados despoticamente, não há razão para que não sejam governados do mesmo modo também por parte de povos que considerariam ilegítimo um governo despótico sobre eles mesmos: Bodin não desenvolve este argumento, mas o exemplo do governo espanhol no Peru não dá lugar a dúvidas sobre a extensão da categoria histórica do despotismo – de regimes de povos extraeuropeus para regimes sobre povos extraeuropeus.

Também conforme à tradição é a distinção entre monarquia despótica e tirania, bem como o juízo de superioridade da primeira sobre a segunda. A superioridade consiste no fato de que a monarquia despótica é dura no exercício do poder, mas tem justificação e, portanto, em última instância é legítima; a tirania, além de dura no exercício do poder, é também ilegítima (naturalmente, aqui o paralelo se dá entre despotismo e tirania *ex defectu tituli*). Vale a pena ler este passo por causa da clareza com que se expõe o problema:

> Embora seja verdade, em certa medida, que transformar homens livres em escravos e apossar-se do que é propriedade alheia é contra a lei da natureza, também é verdade que, por consenso comum de todos os povos, o que foi conquistado por meio de guerra legítima passa para a propriedade do vencedor, e os vencidos tornam-se escravos deste, de modo que não se pode dizer que uma senhoria conquistada de tal modo equivalha diretamente a uma tirania. (p. 578)

E este outro:

> Mais em geral, pode-se dizer que, identificando o regime despótico com o tirânico, dever-se-á chegar até a afirmar que não existe diferença entre o legítimo inimigo de guerra e o ladrão, entre o príncipe legítimo e o bandoleiro, entre a guerra legalmente declarada e a força ilegal e violenta, aquela que os antigos chamavam pirataria e banditismo. (p. 578)

Por fim, a diferença nas causas repercute nos efeitos. Enquanto o despotismo é estável, a tirania é efêmera. A razão desta diferença está dita em passagem cujo comentário é tão fácil que não precisa ser explícito:

> A razão pela qual a monarquia despótica é mais durável do que as outras está no fato de que é mais majestosa e os súditos dependem inteiramente, quanto a vida, liberdade, propriedade, do soberano que os conquistou a justo título, coisa que abate completamente qualquer audácia que tenham, assim como o escravo, cônscio de sua condição, torna-se geralmente humilde, covarde – em síntese, de ânimo submisso, como efetivamente se

diz. Ao contrário, os homens livres e senhores de seus bens, caso se tente subjugá-los ou usurpar o que lhes pertence, rebelam-se em breve tempo, porque têm ânimo generoso, nutrido de liberdade e não abastardado pela servidão. (p. 579)

Como se vê, além do escravo *per generationem* também existe o escravo *per institutionem*, isto é, o escravo que não nasce tal, mas se torna tal, porque a escravidão lhe é imposta e ele se adapta ao fato; e, adaptando-se ao domínio do senhor, dá a este força e estabilidade.

Capítulo VIII
Hobbes

Hobbes é o maior filósofo político da época moderna antes de Hegel. Escreve muitas obras políticas de importância capital para a compreensão do estado moderno, de que as principais são *The Elements of Law Natural and Politic* (Trad. it. organizada por A. Pacchi. Florença: La Nuova Italia, 1968 [1640]); *De Cive* (Trad. it. organizada por N. Bobbio. Turim: Utet, 1959 [1642 e 1647]); *Leviatã** (Bari: Laterza, 1911, em dois volumes [1651]). Com relação às teses que nos interessam, liga-se diretamente a Bodin, mas sustenta-as com muito mais rigor, tanto que, depois dele, ninguém pode mais defender as teses tradicionais sem levar em conta os argumentos que aduziu para refutá-las. Como Bodin, Hobbes não aceita duas das teses que caracterizaram durante séculos a teoria das formas de governo: a da distinção entre formas boas e más e a do governo misto. Ambas as refutações derivam com lógica férrea dos dois atributos fundamentais da soberania: a absolutez e a indivisibilidade. Como veremos daqui a pouco, do atributo da absolutez deriva a crítica à distinção

---

*.   Obra publicada em *Clássicos Edipro*. (N.E.)

entre formas boas e más, do atributo da indivisibilidade deriva a crítica ao governo misto.

Também para Hobbes, como para Bodin, o poder soberano é absoluto. Se não for absoluto, não será soberano. Soberania e absolutez são *unum et idem*. Ainda que possa parecer que um atributo como "absoluto" não permita o superlativo, não é paradoxo dizer que o poder soberano de Hobbes é mais absoluto do que o de Bodin. Como vimos, para Bodin o poder do soberano, mesmo sendo absoluto, no sentido de não ser limitado pelas leis positivas, reconhece como limites (para não falar nas leis constitucionais, que não estão em questão) a observância das leis naturais e divinas e o direito dos indivíduos privados. Diante da absolutez do poder soberano, como a concebe Hobbes, ambos os limites caem. Com relação às leis naturais e divinas: não é que Hobbes negue a existência de leis naturais e divinas, mas afirma (com justeza) que elas não são leis como as leis positivas, e não são leis como as leis positivas porque não podem ser tornadas efetivas mediante a força de um poder comum e, portanto, não são exteriormente vinculantes, mas só são vinculantes interiormente, isto é, na consciência. Em outras palavras, o vínculo que os súditos têm diante das leis positivas, isto é, das leis postas pelo soberano, não é da mesma natureza do vínculo que o soberano tem diante das leis naturais, isto é, das leis postas por Deus. Se o súdito não observa as leis positivas, pode ser a tanto constrangido pela força do poder soberano; se o soberano não observa as leis naturais, ninguém pode a tanto constrangê-lo e ninguém pode puni-lo (pelo menos neste mundo). Como consequência, enquanto as leis positivas são para os súditos comandos que devem ser obedecidos absolutamente, as leis naturais são para o soberano apenas regras de prudência que lhe sugerem comportar-se de certo modo se quer atingir certo fim, mas não lhe impõem necessariamente uma conduta de preferência a outra. Enquanto da conduta do súdito juiz é o soberano, da conduta do soberano o único juiz é o soberano mesmo. Com relação ao direito dos indivíduos privados, Bodin sustenta, como vimos, que as relações entre eles são reguladas por um direito em que o soberano não pode intervir porque é um direito que tem sua fonte principal na vontade dos indivíduos como participantes da sociedade das relações econômicas, que é independente da sociedade política. Hobbes nega esta distinção entre a esfera privada e a esfera pública: uma vez constituído o estado, a esfera das relações privadas, que em Hobbes coincide com o estado de natureza, é completamente resolvida na esfera das relações públicas, isto é, daquelas relações de dominação que ligam o soberano aos súditos. De fato, a razão pela qual os indivíduos saem do estado de natureza para entrar no estado é que o estado de natureza não regulado por leis postas e tornadas efetivas por um poder comum se resolve num estado de conflito permanente (o famoso *bellum omnium contra omnes*). Enquanto para Bodin a propriedade como direito de gozar e dispor de uma coisa, com exclusão de qualquer outro, é um direito que se forma e se desenvolve numa esfera de relações privadas antes e independentemente do estado, para Hobbes o direito de propriedade só existe no estado e por meio da tutela que dele faz o estado: no estado de natureza os indivíduos têm *ius in omnia*, isto é, têm direito sobre todas as coisas, o que vale dizer que têm direito sobre nada, uma vez que, tendo todos o direito sobre tudo, qualquer coisa é ao mesmo tempo minha e sua e, portanto, não mais minha do que sua. Só o estado pode garantir com a própria força, que é superior à força de todos os indivíduos reunidos, que o meu seja exclusivamente meu e o seu seja exclusivamente seu, isto é, pode assegurar a existência da propriedade individual.

Da absolutez do poder estatal decorre, como se disse, a negação da distinção entre formas boas e formas más de governo. A argumentação de Hobbes sobre este tema é rigorosa: a distinção entre formas boas e más nasce da distinção entre soberanos que exercem o poder conformemente às leis e soberanos que governam sem respeitar as leis a que estão submetidos; mas, se o soberano é verdadeiramente *legibus solutus*, se o soberano não tem nenhuma lei efetivamente vinculante acima de si, como é possível distinguir entre o soberano que respeita as leis e o que não as respeita? Em outras palavras: o mau soberano é aquele que abusa do poder que lhe foi atribuído. Mas terá sentido falar de abuso de poder onde existe poder ilimitado? Onde o poder é ilimitado, o conceito mesmo de abuso torna-se contraditório. E, então, como se pode distinguir entre o bom soberano e o mau soberano, se cai o critério, o único critério, que permite sua diferenciação? Convém deixar a palavra ao próprio Hobbes, cuja clareza é insuperável:

> Os antigos escritores políticos introduziram três formas opostas a estas [a saber, às três formas clássicas: monarquia, aristocracia e democracia], isto é, a anarquia (a confusão) em contraste com a democracia, a oligarquia (o poder excessivo de poucos) em oposição à aristocracia, e a tirania contraposta à monarquia. Mas estas não são três formas de estado diversas das primeiras, mas sim três denominações diversas dadas às primeiras por quem odiava o governo ou os governantes. De fato, os homens têm o costume não só de indicar, com os nomes, as coisas, mas de ajuntar-lhes seus sentimentos, o amor, o ódio, a ira etc.; daí sucede que aquilo que um chama democracia, o outro chama anarquia; o que um define como aristocracia, o outro indica como oligarquia; e um dá o nome de tirano àquele a quem outro dá o nome de rei. Assim, com estes nomes não se designam diversas formas de estado, mas simplesmente as diversas opiniões dos cidadãos sobre as pessoas dos governantes. (*De cive*, VII, 2)

Neste trecho, Hobbes faz uma afirmação filosófica importante: não existe nenhum critério objetivo para distinguir entre o bom rei e o tirano etc. Os juízos de valor, isto é, os juízos com base nos quais dizemos que uma coisa é um bem ou um mal, são juízos subjetivos, dependem da "opinião". O que parece bom a alguém parece mau a outro: o que acontece porque não existe nenhum critério racional para distinguir entre o bem e o mal. Todo critério é derivado da paixão, não da razão. E, afinal, fica esclarecido limpidamente neste segundo trecho por que não existe nenhum critério objetivo para distinguir entre o rei e o tirano:

> As paixões dos homens não os deixarão facilmente convencer-se de que o reino e a tirania são a mesma forma de estado. Ainda que prefiram que o estado seja submetido antes a um só indivíduo do que a muitos, pensam que não será bem governado se não for dirigido segundo seu juízo. Mas é preciso indagar com a razão, não com o sentimento, em quê o rei se diferencia do tirano. Desde logo, não se diferenciam por uma amplitude maior de poderes que um tenha em relação a outro, já que não pode haver poder maior do que o poder soberano. Nem pelo fato de que o primeiro tenha autoridade limitada e o outro não, já que, se uma autoridade for concedida com certos limites, quem a recebe não é rei, mas súdito de quem a concede. (*De cive*, VII, 3)

Neste trecho, Hobbes, depois de reiterar que a distinção entre rei e soberano é passional e não racional, explica que, se o soberano é aquele que tem o sumo poder, não pode haver nenhuma diferença entre um soberano e outro em relação à quantidade maior ou menor de poder. Se o rei tivesse um poder limitado em comparação com o tirano, não seria verdadeiro rei; mas, se seu poder for ilimitado, não se vê como pode ser distinto daquele do tirano. Mais uma vez, o tirano é um rei que não tem nossa aprovação; o rei é um tirano que tem nossa aprovação. A figura do tirano que aqui Hobbes tem em mente é a do tirano *ex parte exercitii*: e é como se dissesse que, como o poder não tem limite (porque, se tivesse limite, não seria mais o poder soberano), não faz sentido falar de excesso de poder e, portanto, não faz sentido falar de uma figura de soberano que seria caracterizada, exatamente, pelo excesso de poder. Prosseguindo no trecho citado, logo deparamos com outra forma de tirania, aquela *ex defectu tituli*:

> Em segundo lugar, rei e tirano não diferem pelo modo de aquisição de seu poder. De fato, se num estado democrático ou aristocrático um cidadão se apodera do poder com a força, uma vez que tenha tido o reconhecimento dos cidadãos, torna-se rei legítimo; no caso de não obter, resta inimigo e não se torna tirano. (*De cive*, VII, 3)

Também neste caso o raciocínio hobbesiano é dilemático: ou o príncipe que conquista o estado com a força (e que, portanto, seria para a teoria tradicional tirano por falta de título) consegue conservar o próprio poder e o faz ser reconhecido pelos súditos, e então se torna um príncipe legítimo que não se distingue de qualquer outro príncipe legítimo, ou não consegue conservar o poder porque os súditos continuam a ser-lhe hostis e, então, é inimigo. Não preciso sublinhar a importância desta afirmação: a importância da afirmação reside na enunciação do princípio de que ou o príncipe consegue legitimar também *post factum* o próprio poder e, então, é príncipe como todos os outros, ou não consegue legitimar o próprio poder depois de tê-lo conquistado e, então, não é príncipe, mas inimigo. A diferença não é entre príncipe bom e príncipe mau, mas entre príncipe e não-príncipe. Sobre a legitimação *post factum*, que é, afinal, o que os juristas hoje chamam princípio de efetividade, ou seja, o princípio pelo qual é legítimo o poder que consegue "efetivamente" se impor, não me detenho agora, porque teremos oportunidade de falar disso várias vezes no curso das lições. Basta dizer que, se não se aceitasse o princípio de efetividade, nenhum poder seria em última instância legítimo: pode-se remontar de poder legítimo até outro poder legítimo precedente, mas se chegará forçosamente a um ponto em que deparamos com um poder que, como Atlas, só repousa sobre si mesmo, isto é, sobre sua capacidade de se fazer valer.

Bodin fez distinção, como vimos, não só entre o reino e a tirania, mas também entre a monarquia tirânica e a monarquia despótica. Que lugar ocupa a monarquia despótica no sistema hobbesiano? Cito um trecho, como de costume, extremamente claro do Capítulo XX do *Leviatã*:

> O domínio adquirido com a conquista ou com a vitória na guerra é o que alguns escritores chamam despótico, de *despotes*, que significa senhor ou dono, e é o domínio do dono sobre seu servo. (v. I, p. 166)

Sobre a definição de despotismo não há nada a dizer: por despotismo todos os escritores entendem a forma de domínio em que o poder do príncipe sobre seus súditos tem a mesma natureza do poder do senhor sobre seus escravos. Ao contrário, merece breve comentário a identificação do despotismo com o domínio obtido através de conquista e vitória. Também Bodin relaciona o despotismo à conquista e à vitória, mas precisa que devia tratar-se de uma guerra "justa". Hobbes fala unicamente de conquista e vitória: não diz se a guerra vencida deve ser uma guerra justa. Por mais que a omissão possa parecer grave numa observação superficial, na realidade Hobbes, não só de seu ponto de vista realista, mas também do ponto de vista da doutrina geral da guerra justa, tem perfeitamente razão. De fato, como se faz para distinguir entre uma guerra justa e outra injusta? Malgrado as tentativas de teólogos e juristas de estabelecer *a priori* os motivos de justificação das guerras, de fato as guerras serão sempre, enquanto durar o conflito entre os dois contendores, justas de ambas as partes. O que no fim determina a justiça da guerra é a vitória: por não haver um tribunal superior às partes que possa fazer vencer quem tem razão, quem vence é que tem razão. No tempo de Bodin e no de Hobbes, a guerra entre estados era comparada ao duelo: era um duelo público, ao passo que o duelo podia muito bem ser comparado a uma guerra privada. E no duelo, como todos sabem, a solução de uma controvérsia resta confiada à resposta das armas: a vitória é a prova da justiça. Portanto, como dizia, tem razão Hobbes quando fala unicamente de conquista e vitória: se entre dois contendores que não reconhecem acima de si nenhum juiz superior estoura uma guerra, a vitória é o único critério para distinguir quem tem razão e quem não tem. Mas, se a conquista e a vitória constituem a origem do estado despótico, para Hobbes não constituem também sua justificativa, seu princípio de legitimação. A verdadeira inovação em relação à tradicional teoria do despotismo é introduzida por Hobbes na enunciação do princípio de legitimação, como se deduz da seguinte passagem:

> Tal domínio [o domínio despótico] é adquirido pelo vencedor quando o vencido, para evitar a morte iminente, concorda, por palavras expressas ou outros sinais suficientes de sua vontade, em que, enquanto sua vida e a liberdade de seu corpo lhe forem concedidas, o vencedor delas fará uso a seu bel-prazer. (*Leviatã*. v. I, Capítulo XX, p. 166.)

O que fica confirmado por este outro trecho:

> Por isso, não é a vitória que dá o direito de domínio sobre o vencido, mas o próprio pacto: nem este adquire a obrigação por ter sido vencido, isto é, batido, capturado ou posto em fuga, mas por se ter entregado e submetido ao vencedor. (*Ibidem*)

O que se deduz claramente destas passagens é que o fundamento do poder despótico, a razão pela qual também o poder despótico pode encontrar em certas circunstâncias sua legitimação, é o próprio consentimento de quem se submete. Até agora víramos o despotismo justificado *ex natura* (Aristóteles) e *ex delicto* (Bodin): aqui o vemos justificado *ex contractu*. Esta tese também se insere perfeitamente na lógica de todo o sistema de pensamento hobbesiano. Por qual razão os indivíduos saem do estado de natureza e dão vida, com suas vontades concordes, ao estado civil? A razão aduzida por Hobbes, como se sabe, é que o estado de natureza, sendo estado de guerra de todos contra todos, é um estado em que ninguém tem a garantia da própria vida: para salvar a vida, os indivíduos reputam necessário submeter-se a um poder comum que seja forte a ponto de impedir o uso da força privada. Em outras palavras, o estado surge de um pacto que os indivíduos estabelecem entre si e que tem o escopo de obter a segurança da vida através da recíproca submissão a um único poder. Em nada diverso por conteúdo e por escopo é o *pactum subiectionis* que ocorre entre o vencedor e o vencido. O vencedor teria o direito de matar o vencido. Este, para ter poupada a vida, renuncia à própria liberdade. Entre vencedor e vencido verifica-se verdadeira troca de serviços: o vencido, através de sua submissão, oferece ao vencedor seus serviços, isto é, promete servi-lo; o vencedor, de sua parte, oferece ao vencido sua proteção. Tanto no pacto que dá origem ao estado civil quanto no pacto entre vencedor e vencido, o bem supremo, a que se dobra, no primeiro caso, a vontade dos indivíduos que querem sair do estado de natureza, no segundo caso, a vontade do vencido, é a vida.

Outra característica da soberania, como se disse, é a indivisibilidade, da qual deriva a segunda tese hobbesiana, que nos importa comentar: a crítica à teoria do governo misto. Comecemos com a leitura de trecho extraído de *De cive*:

> Existem alguns que avaliam como necessária a existência de um supremo comando no estado; mas sustentam que, se ele estivesse enfeixado nas mãos de um só indivíduo ou de uma só assembleia, daí se seguiria, para os outros, *um estado de opressão servil*. Para evitar esta condição, pensam que possa existir um estado composto pelas três formas de governo acima descritas, mas ao mesmo tempo diverso de cada uma delas; a esta forma de estado chamam monarquia mista, aristocracia mista ou democracia mista, segundo a forma, entre as três, que nele predomina. Por exemplo, se a nomeação dos magistrados e as deliberações em torno da guerra e da paz couberem ao rei, a administração da justiça aos notáveis, a tributação ao povo, e a faculdade de promulgar leis a todos os três juntos, este tipo de estado, com efeito, será chamado de monarquia mista. Mas, mesmo admitindo que possa ocorrer a existência de tal estado, *não se obteria com ele liberdade maior para os cidadãos*. De fato, enquanto todos os poderes forem concordes entre si, a submissão de cada cidadão será tão grande quanto possível; se, ao contrário, nascerem algumas divergências, chegar-se-á logo à guerra civil e ao direito da espada privado, o que é pior do que qualquer submissão. (*De cive*, VII, 4, *grifos meus*)

Que o poder soberano não possa ser dividido senão a preço de destruí-lo é, para Hobbes, ponto assentado. De fato, considera a teoria segundo a qual o poder soberano seja divisível uma teoria sediciosa, que um governo bem ordenado deveria proibir. Por ocasião da crítica às teorias sediciosas, reitera com vigor seu argumento:

> Existem também aqueles que subdividem o poder soberano de modo a atribuir a faculdade de declarar a guerra e concluir a paz a uma só pessoa (a quem chamam rei), mas a seguir atribuem não a ele, mas a outros, o direito de impor tributos. Porém, como o dinheiro é o nervo seja da guerra, seja da paz, os que dividem a soberania tal como se disse ou não a dividem de fato, porque dão o poder efetivo a quem dispõe das finanças e ao outro apenas um poder nominal; ou então, se o dividem, dissolvem o estado, porque não se pode fazer a guerra, em caso de necessidade, nem sem dinheiro conservar a pública tranquilidade. (*De cive*, XII, 5)

O raciocínio hobbesiano é de simplicidade exemplar: se o poder soberano for efetivamente dividido, não será mais soberano; se continuar a ser efetivamente soberano, significa que não estará dividido, isto é, significa que a divisão será só aparente. Sabemos muito bem qual é a situação histórica da qual nasce a reflexão hobbesiana: é a disputa entre rei e parlamento na Inglaterra que deu origem à guerra civil, isto é, à dissolução do estado. Hobbes considera responsáveis por esta dissolução aqueles que de variados modos sustentaram que o poder soberano devesse ser dividido entre o rei e o parlamento. Havia já alguns séculos, a doutrina dominante entre os constitucionalistas ingleses era que a monarquia inglesa fosse monarquia mista, o que o rei Carlos I repetiu às vésperas da guerra civil em 1642, numa de suas clássicas formulações:

> [...] a experiência e a sabedoria de nossos antepassados modelaram este governo através de uma combinação destas formas [monarquia, aristocracia, democracia], de modo a dar a este reino (nos limites concedidos pela humana providência) as vantagens de todas as três, sem os inconvenientes de cada uma, a fim de haver equilíbrio entre os três *estates* e estes correrem ajustados no próprio canal. (Extraído de "Answer to the Nineteen Propositions", que cito de L. D'Avack, "La teoria della monarchia mista nell'Inghilterra del Cinque e del Seicento", *Rivista internazionale di filosofia del diritto*, 1975, p. 613.)

Deve-se observar, sobretudo no primeiro trecho, a referência à liberdade dos cidadãos, introduzida como argumento dos defensores do governo misto. Como vimos, o argumento tradicional a favor do governo misto era o da estabilidade. Mas não deixamos de observar que em Maquiavel havia aflorado um segundo argumento, o da garantia da liberdade. Em substância, a apologia do governo misto baseia-se em dois argumentos: *ex parte principis*, na maior estabilidade do estado; *ex parte populi*, na maior liberdade dos cidadãos. Hobbes parece dar crédito ao argumento da liberdade, ao refutar o governo misto com base no binômio servidão-liberdade. Mas não negligencia o argumento da estabilidade, ao mostrar que a consequência inevitável do governo misto é a dissolução do estado e a guerra civil. Como para Bodin, também para Hobbes o inconveniente do governo misto reside exatamente em acarretar consequências opostas àquelas que seus defensores imaginaram: *in primis*, a instabilidade, que é o contrário da apregoada estabilidade que fora atribuída ao governo misto por Políbio e por Maquiavel. Uma concepção desse tipo não podia deixar de repercutir no juízo sobre os governos mistos historicamente reconhecidos, principalmente sobre o governo romano. Há um parágrafo do *Leviatã* dedicado aos estados que se dissolvem por falta de poder absoluto. Destes estados, exemplo historicamente significativo é a república romana, sobre a qual Hobbes escreve:

> Enquanto o antigo governo romano era formado pelo senado e pelo povo de Roma, de fato nem o senado nem o povo tinham todo o poder: o que, inicialmente, ocasionou as sedições de Tibério e Caio Graco, de Lúcio Saturnino e outros, e depois as guerras entre o senado e o povo, no tempo de Mário e Silas e, ainda, no tempo de Pompeu e César, levando afinal à extinção da democracia e ao estabelecimento da monarquia. (*Leviatã*. v. I, Capítulo XXIX, p. 265.)

Inútil observar que Políbio e Hobbes se referem a períodos diversos da história romana e, portanto, podem ter razão todos os dois. Mas é fato que Hobbes, para sustentar a tese da instabilidade do governo misto, extrai um argumento histórico daquela mesma constituição que fora celebrada como exemplo maravilhoso de estabilidade. Com relação ao outro grande exemplo de governo misto, o governo de Esparta, Hobbes usa a outra ponta do dilema (se o estado for verdadeiramente misto, não será estável, se for estável, não será verdadeiramente misto), num trecho em que interpreta a constituição espartana, de resto segundo antiga e sólida tradição, como governo aristocrático:

O rei cujo poder é limitado não é superior àquele ou àqueles que têm o poder de limitá-lo; e quem não é superior não é supremo, vale dizer, não é soberano. A soberania, portanto, está sempre naquela assembleia que tem o direito de limitá-la e, por consequência, o governo não é monárquico, mas ou democrático ou aristocrático, como nos antigos tempos em Esparta, onde os reis tinham o privilégio de conduzir os exércitos, mas a soberania estava com os éforos. (*Leviatã*. v. I, Capítulo XIX, p. 158.)

Da crítica hobbesiana ao governo misto emerge outro problema, que já mencionei em outra parte, mas é hora de fazer emergir em toda a sua gravidade. Trata-se da sobreposição e, digamos ainda, da confusão habitualmente não reconhecida e, portanto, transmitida acriticamente, entre teoria do governo misto e teoria da separação de poderes. Digo imediatamente que, dos trechos citados, revela-se claramente que a crítica de Hobbes ao governo misto é ao mesmo tempo, ou mesmo predominantemente, uma crítica à separação de poderes. Mas governo misto e separação de poderes são a mesma coisa? Sim e não. Podem ser a mesma coisa, mas podem também não sê-lo. Antes de considerar a coisa mais a fundo, convém citar outro trecho hobbesiano, de grande incisividade e perspicácia:

Às vezes, mesmo no governo civil existe mais de uma alma, como quando o poder de emitir moeda – que é a faculdade nutritiva – depende de uma assembleia geral, o poder de comandar – que é a faculdade motriz – de um homem, e o poder de fazer leis – que é a faculdade racional – de um consenso acidental não só desses dois, mas também de um terceiro: fato que lesa o estado às vezes por falta da nutrição que é necessária à vida e ao movimento. De fato, se bem que poucos percebam que tal governo não é um governo, mas uma divisão do estado em três facções, e o chamem de monarquia mista, a verdade é que ele não é um estado independente, mas três facções independentes, e o representante não é só uma pessoa, mas três. No reino de Deus pode haver três pessoas independentes sem romper a unidade de Deus, que reina; mas onde reinam os homens, que estão sujeitos à diversidade de opiniões, isso não pode acontecer; e por isso, se o rei representa a pessoa do povo, e a assembleia geral representa também a pessoa do povo, e outra assembleia representa a pessoa de parte do povo, eles não são uma pessoa nem um soberano, mas três pessoas e três soberanos. Não sei a que mal, no corpo natural, eu possa exatamente comparar esta irregularidade de um estado; no entanto, vi um homem, o qual tinha outro homem que lhe saía de um flanco, com cabeça, braços, peito e estômago próprio;

se tivesse outro do outro lado, o paralelo seria perfeito. (*Leviatã.* v. I, Capítulo XXIX, p. 272.)

A opinião de Hobbes sobre o governo misto pode ser deduzida, como se não bastassem as citações precedentes, das últimas linhas: o governo misto é comparado a algo monstruoso. No reino do Espírito, a união das três pessoas gera a Trindade, mas no reino da Terra a união das três partes do estado gera monstros. Mas qual é o verdadeiro alvo da crítica hobbesiana? Se se releem atentamente as primeiras linhas, que de resto repetem coisas já lidas nos trechos anteriormente citados, vê-se que a crítica de Hobbes está dirigida à separação das funções principais do estado e de sua atribuição a órgãos diversos. Mas era esta a ideia originária do governo misto, tal como legada pelos gregos? A ideia do governo misto não nasce da exigência de dividir o poder único do estado, mas precisamente da ideia contrária, isto é, da exigência de compor em unidade as diversas classes que constituem uma sociedade complexa. A sobreposição da teoria da separação dos poderes e daquela do governo misto ocorre unicamente porque se tenta fazer coincidir a tripartição das funções principais do estado, que devem ser, segundo os defensores da separação dos poderes, divididas, isto é, atribuídas a órgãos diversos, com a partição e a unificação das classes que compõem uma sociedade complexa, cada uma das quais, segundo os defensores do governo misto, deve ter o próprio órgão de representação no estado composto e, exatamente por isso, "misto". Mas esta coincidência não é de modo algum necessária. Vejamos a questão um pouco mais de perto. Admitindo-se que as funções do estado são três, e são a legislativa, a executiva e a judiciária, a identificação da prática da divisão dos poderes com a realidade do sistema político, que se chama "misto", só pode ocorrer se a cada função corresponde uma das três partes da sociedade (rei, optimates, povo), isto é, se se pode conceber um estado em que, suponhamos, ao rei está atribuída a função executiva, ao senado a judiciária, ao povo a legislativa. Mas os primeiros teóricos do governo misto jamais sustentaram uma ideia deste tipo. O perfeito governo misto será eventualmente o oposto: é aquele governo em que a mesma função, vale dizer, a função principal, a função legislativa, é exercida sólida e conjuntamente por todas as três partes que compõem o estado, ou seja, para nos atermos à constituição que Hobbes observa, pelo rei junto com os lordes e os comuns. No governo misto, não há nenhuma correspondência necessária entre as três funções do estado e as três partes da sociedade que se recompõem no sistema político próprio do governo misto. A dificuldade da identificação ainda aumenta se se considera o fato de que os teóricos do governo misto sempre falaram de três classes ou estados em que se divide o poder de uma sociedade complexa, ao passo que os teóricos da separação dos poderes muitas vezes reduziram a duas as funções fundamentais do estado, a função legislativa e a função executiva. Neste caso não pode haver correspondência entre os três possíveis sujeitos do governo (reis, optimates e povo) e as funções do estado. Neste caso, em que a articulação do poder do estado refere-se antes ao modo pelo qual se dividem as funções que competem ao estado do que aos possíveis sujeitos do poder estatal, a interpretação mais correta da realidade é a bodiniana, a qual vê no estado composto uma distinção entre estado e governo, de preferência à teoria do governo misto, que nele vê uma composição entre as diversas classes sociais. A teoria política imediatamente sucessiva de longe mais importante é a exposta por John Locke nos *Dois tratados sobre o governo civil* (1680). Locke passou à história, com justiça, como o teórico da monarquia constitucional, isto é, de um sistema político baseado simultaneamente na dupla distinção entre duas partes do poder, o parlamento e o rei, e entre duas funções do estado, a função legislativa e a função executiva, e numa correspondência quase perfeita entre as duas distinções, porque o poder legislativo emana do povo que tem sua representação no parlamento e o poder executivo é delegado pelo parlamento ao rei. Uma constituição desse tipo não é um governo misto no sentido tradicional da palavra (e, de resto, Locke não a considera como tal); é uma constituição que se poderia chamar, segundo a interpretação bodiniana, democrático-monárquica, ou seja, uma constituição em que a soberania do estado pertence ao povo, e o governo, entendido como exercício do poder executivo, ao rei.

Capítulo IX

Vico

Já tive oportunidade de mencionar Giambattista Vico a propósito da teoria cíclica de Políbio. A teoria histórica de Vico também é uma teoria cíclica. Aqui pretendo mostrar o papel da teoria tradicional das formas de governo na concepção geral que Vico tem do desenvolvimento histórico. Retomando a distinção, várias vezes referida, entre uso sistemático, uso prescritivo e uso histórico da teoria das formas de governo, digo logo que na doutrina viquiana prevalece o uso histórico. A teoria tradicional das três formas de governo é empregada por Vico principalmente para traçar as linhas do curso histórico que as nações percorrem ao progredir da barbárie à civilização. Refiro-me, em particular, à obra principal de Vico, *A ciência nova*, de que se publicaram duas edições, chamadas respectivamente *A ciência nova primeira* (1725) e *A ciência nova segunda* (1744). A *Ciência nova*, escrita em italiano, foi precedida por uma obra latina em três partes, intitulada *O direito universal*, escrita entre 1720 e 1723, que pode ser considerada como a primeira edição ou o primeiro esboço da obra maior. Não é certamente o caso de dizer em que consiste a "nova" ciência que Vico se propôs escrever: limito-me a dizer que, em seu aspecto saliente, ela é uma filosofia da história, uma tentativa grandiosa (a mais grandiosa antes daquela de Hegel) de descobrir as leis gerais que presidem o curso histórico universal e que, portanto, permitem compreender o "sentido" da história. (Para dar um "sentido" à história, deve-se descobrir qual seja a "direção" em que se movimentam os homens que são os artífices da história, e, para compreender qual seja a direção em que se movimentam os homens, deve-se percorrer de novo as várias etapas do movimento histórico, descobrir as razões pelas quais ocorre a passagem de uma etapa à outra e identificar o fim, o *telos*, do movimento geral.)

As categorias principais mediante as quais Vico tenta abraçar o movimento histórico, se não em sua totalidade, como veremos daqui a pouco, pelo menos em sua parte emergente, são mais uma vez as três formas clássicas de governo, que, todavia, Vico dispõe nesta ordem: aristocracia, democracia, monarquia, mudando radicalmente a ordem tradicional (aquela legada por Aristóteles e por Políbio, só para dar alguns exemplos autorizados), que era monarquia, aristocracia, democracia. Um dos pontos firmes da concepção viquiana da história é que, uma vez saída a humanidade da fase pré-estatal que corresponde ao estado de natureza dos jusnaturalistas, a primeira forma de estado foi a república aristocrática, a que se seguiu a república popular, que desembocou na monarquia. Mas vamos por partes. Destas três formas de estado Vico fala com abundância de particulares em certa parte do *Direito universal*, da qual extraio, servindo-me de tradução oitocentista, as seguintes definições:

> O governo aristocrático ou dos optimates baseia-se na conservação, na tutela da ordem dos patrícios que o constitui, e é máxima essencial de sua política que unicamente aos patrícios sejam atribuídos os favores, os poderes, a gentilidade, os conúbios, as magistraturas, os comandos e os sacerdócios. [...] São condições do governo popular a paridade dos sufrágios, a livre expressão das opiniões e o igual acesso de cada qual a todas as honras, sem exclusão das supremas, em razão do censo, ou seja, do patrimônio. [...] A característica do Reino ou da Monarquia é a senhoria de um só, no qual se conserva o soberano e livre arbítrio sobre todas as coisas. (*Dell'unico principio e dell'unico fine del diritto universale*. Trad. C. Sarchi. Milão, 1866, § 138, p. 134.)

Destas definições pode-se começar a extrair uma primeira observação: o mundo histórico que Vico transforma em objeto de suas reflexões e de que deduz princípios e leis é a história de Roma. E é da meditação sobre a história romana que ele extrai a lei de sucessão dos estados, que inverte, como se dizia há pouco, aquela indicada pelos escritores gregos. Interpretado o antigo período dos reis de Roma como período em que se forma uma república aristocrática, esta se prolonga até a concessão dos direitos públicos à plebe, razão pela qual surge uma república popular que, por causa das desordens das facções e da guerra civil, termina no principado de Augusto, isto é, na monarquia.

Mas a sucessão das três formas de governo, que abraça toda a história conhecida de Roma, é só uma parte da história universal. O que atraiu Vico e o levou a investigações que constituem a profunda novidade de sua obra é o exame dos "tempos obscuros", isto é, dos tempos que transcorreram antes da história narrada e escrita. A tese bem conhecida de Vico (de resto, não era nova, ainda que renovada nas imagens e no significado geral) é que o estado primitivo do homem (que Vico situa depois do dilúvio, para fazer caminhar *pari passu* sua história, que pretende ser profana, com a história sagrada) fosse um "estado ferino". Tese não nova, digo, porque o estado bestial do homem primitivo fora descrito por Lucrécio em trecho célebre no Livro V de *De rerum natura* ("...*vulvivago vitam tractabant more ferarum*", V, verso 932), em que o próprio Vico buscou inspiração. A característica deste estado, em que os homens degenerados são como animais, é a falta de qualquer relação social e, portanto, a inexistência completa de qualquer forma de vida associada, mesmo na própria família. (Deve-se notar que nem sempre aqueles que comparam a vida primitiva do homem à dos animais consideram o homem originalmente associal, com base na observação de que muitas espécies de animais vivem em bando. Caso de Políbio, entre os autores até aqui examinados: comparando a vida primitiva dos homens à dos animais, diz que os primeiros "agruparam-se ao modo dos animais e sob a condução dos mais valorosos e dos mais fortes", VI, 5). Deixo a palavra ao próprio Vico, que descreveu a vida dos homens primitivos, os quais chama "grandes bestas", em trecho com justiça famoso:

> E com ferino error vagando pela grande selva da terra [...], para se safarem das feras, de que a grande selva bem devia abundar, e para seguir as mulheres, que em tal estado deviam ser selvagens, avessas e esquivas, e dispersos

para encontrar comida e água; as mães, abandonando seus filhos pequenos, deixavam-nos crescer pouco a pouco sem ouvir voz humana e sem aprender o costume humano, pelo que foram dar em um estado inteiramente bestial e ferino, no qual as mães, como animais, deviam só amamentar as crianças e deixá-las nuas a se revirarem nas próprias fezes e, mal desmamadas, abandoná-las para sempre. (*A ciência nova segunda*, § 369.)

Como se vê, o estado ferino é um estado associal porque até mesmo aquela primeira forma de vida associada, que é a família, não consegue se constituir. É um estado em que o homem vive só e isolado. Em *De uno* (que é a primeira parte do *Direito universal*), Vico distingue três tipos de autoridade, que chama monástica, a primeira, econômica, a segunda, civil, a terceira. A autoridade que caracteriza a vida do homem primitivo é a autoridade monástica, que é definida deste modo:

> A primeira autoridade jurídica tida pelo homem na solidão pode ser nomeada monástica ou solitária. Aqui entendo por solidão tanto os lugares frequentados quanto os desabitados, quando, então, o homem acometido e ameaçado em sua pessoa não pode recorrer ao socorro das leis. [...] Por esta sua monástica autoridade, o homem torna-se soberano na solidão; e quando, atacado, tem necessidade de proteger sua pessoa, cônscio da preeminência sobre o atacante e com sentimento de justiça, para superá-lo mata-o, nisso exercendo um direito de superioridade ou de soberania. (*Dell'unico principio*, cit., §§ 98 e 99.)

Também o estado de natureza descrito por Hobbes é um estado em que cada homem vive por sua conta e deve cuidar da própria defesa, razão pela qual tal estado termina em guerra de todos contra todos; também o estado de natureza descrito por Rousseau no *Discurso sobre a origem da desigualdade entre os homens*, em que o homem primitivo, identificado com o bom selvagem, vive uma vida simples, rudimentar, em contato não com seus outros semelhantes, mas só com a natureza, é concebido como estado, para usar a expressão viquiana, "monástico", isto é, associal. Mas as diferenças não podem ser caladas. Para Vico, o estado ferino é um estado histórico, ou seja, é um estado que se coloca na origem da verdadeira história da humanidade; para Hobbes, o estado de natureza é uma hipótese racional, ou seja, é a hipótese que deriva de imaginar o que seria a vida humana se não houvesse um poder comum a impedir o desencadeamento dos instintos, além de ser também o estado a que a humanidade está fadada a voltar sempre que desaparece a autoridade do estado (tal como ocorreu na guerra civil inglesa e como ocorre habitualmente nas relações entre os estados, que vivem entre si como se estivessem em estado de natureza). Quanto ao estado natural do bom selvagem rousseauniano, pode-se também pensar que Rousseau o tenha concebido como estado histórico, isto é, como o estado em que viveram povos selvagens antes de ser tocados (e, segundo Rousseau, corrompidos) pela civilização. Mas, em relação ao estado ferino viquiano, a diferença reside na avaliação, que é positiva em Rousseau – o estado do bom selvagem é um estado feliz que a humanidade considera com nostalgia, embora saiba que não está destinado a voltar –, negativa em Vico – o estado ferino é um estado infelicíssimo, além de execrável pela perda de qualquer sentimento religioso.

Do estado ferino a humanidade não passou diretamente, segundo Vico, ao estado das "repúblicas" (aqui, no sentido latino de sociedade civil ou política). Entre o estado ferino e o estado das repúblicas, Vico coloca um estado intermediário que não é mais *pré-histórico*, mas ainda não é estatal (ou seja, é *pré-estatal*): o estado das famílias, que é o estado em que se formam aquelas primeiras formas de vida associada que são, exatamente, as comunidades familiares. Vico descreve imaginosamente como se passou do estado ferino ao estado das famílias: depois de longo período de tempo seco e árido, o homem se assusta ao primeiro trovão e ao primeiro relâmpago, levanta os olhos e "considera o céu", isto é, adquire uma primeira, ainda que obscura, consciência da divindade. Com o temor de Deus, nasce a vergonha da vida bestial e, principalmente, da "Vênus erradia". O homem leva a mulher à caverna para subtrair o concúbito aos olhos de seus semelhantes e institui aquela relação duradoura com sua companheira em que consiste o matrimônio, do qual nasce a vida familiar. Com esta douta fábula, Vico quer demonstrar que as instituições civis, *in primis* o matrimônio (a que se segue o sepultamento dos mortos), nascem da religião, que a passagem da vida ferina à humana ocorre quando o homem começa a alçar os olhos para o céu.

A esta primeira fase da história da humanidade (aqui compreendendo "história" como distinta da "pré-história") Vico chama, em vários lugares, "estado de natureza". Para Vico, e à diferença de Hobbes, o estado de natureza é, pois, um estado social, ainda que constituído por aquela forma primitiva e *natural* de associação que é a família. Além disso, à diferença de Hobbes e de todos os jusnaturalistas, não é o estado primitivo da humanidade, porque é o estado em que o homem, saindo do estado bestial, inicia a vida em sociedade, se bem que numa forma de vida associada que não é ainda o estado. À autoridade monástica Vico faz seguir, como se disse, a autoridade econômica ("econômico", da palavra grega *oikos*, que significa "casa", é o mesmo que "familiar"). E define-a deste modo,

[...] nasceu a autoridade econômica ou familiar, de acordo com a qual os pais são soberanos na família. A liberdade dos filhos está à mercê dos pais e, portanto, o pai tem o direito de vender o filho. [...] Os pais têm a tutela dos filhos, como a de sua própria casa, e podem legá-la com qualquer outra coisa sua, podem deixá-la a outros imperativamente, como qualquer outra coisa de sua propriedade. (*Dell'unico principi*, cit., § 102.)

O trecho termina assim:

As famílias foram, portanto, um primeiro e reduzido esboço dos governos civis. (§ 103)

Falta ainda dizer, de resto em conformidade com a tradição antiga, que por sociedade familiar Vico entende não só a família natural, a família no sentido restrito e moderno da palavra, mas a sociedade que compreende, além de filhos e descendentes, também os servos, que estão submetidos à autoridade do pai e dela dependem; trata-se da massa dos chamados "fâmulos" ou "clientes", constituída por aqueles que ainda não saíram do estado bestial e que, para sobreviver, quando já surgiram as primeiras famílias, são obrigados a se submeterem a elas. Gostaria de chamar a atenção sobre o fato de que mais uma vez a exigência de uma autoridade social, neste caso a do pai de família, nasce de situação objetiva de desigualdade: trata-se não só da desigualdade natural entre pais e filhos, mas também da desigualdade social entre duas classes de homens, entre os que saíram do estado ferino e empreenderam sua vida humana e os que permaneceram no estado ferino e, portanto, pertencem a raça inferior, destinada a ser dominada e a servir os poderosos.

O estado das famílias como estado intermediário entre o estado ferino e o estado civil é uma das inovações introduzidas por Vico na doutrina dominante, seja na que retoma a versão aristotélica, que faz iniciar da família a história da sociedade civil, seja na divulgada pela maior parte dos jusnaturalistas, segundo a qual a história ideal eterna (para mencionar Vico) da humanidade está dividida fundamentalmente em dois estágios, o estado natural e o estado civil. Com esta inovação, Vico pretende demonstrar que a história da humanidade foi muito mais complexa e variada do que parece a quem não mergulhou, como ele o fez, na investigação dos tempos obscuros. Este trecho será suficiente:

> Somente agora seja lícito aqui refletir sobre o quanto foi necessário até que os homens, desde a gentilidade de sua ferina nativa liberdade, por longo período de ciclópica familiar disciplina, se encontrassem domesticados, nos estados que estavam por se tornar civis, para obedecer naturalmente às leis (*A ciência nova segunda*, cit., § 523.)

A passagem do estado das famílias à primeira forma de estado que é a república aristocrática, acontece porque os escravos se rebelam. Voltaremos um pouco mais tarde a este ponto. Com base no princípio segundo o qual "o homem subjugado anseia por subtrair-se à servidão", Vico explica por que "os fâmulos, devendo sempre viver em tal estado servil, depois de longa idade naturalmente se enfadaram" e se amotinaram (Id., § 583). A revolta dos servos força os pais de família a se unirem para se defenderem e conservar o domínio: a união dos pais de família constitui a primeira forma de estado, e a primeira forma de estado, como queríamos demonstrar, na qualidade de união em certo sentido paritária dos *patres*, é a república aristocrática. Com a primeira forma de estado tem origem, depois da autoridade monástica e da autoridade econômica, a forma mais complexa e completa de autoridade que Vico chama "autoridade civil". Portanto, a república aristocrática é a primeira forma histórica de autoridade civil. Na república aristocrática, a condição de desigualdade que justifica o domínio de uma parte sobre a outra não é mais a que divide *patres* e *fâmulos*, mas é a que divide patrícios e plebeus, isto é, quem goza de direitos privados e públicos e quem está destituído de qualquer estatuto jurídico. A passagem da república aristocrática à popular acontece pela mesma razão por que aconteceu a passagem do estado das famílias isoladas ao estado das famílias unidas na primeira forma de república:

a revolta dos que estão submetidos contra os que detêm o poder para sua exclusiva vantagem, a luta do oprimido pelo reconhecimento dos próprios direitos (hoje, dir-se-ia a luta de classes). Quando esta luta termina, isto é, quando os plebeus obtêm, primeiro, o direito de posse, depois o direito de núpcias solenes e legítimas (os chamados *connubia patrum*), por fim os direitos políticos, que Vico faz coincidir com a *Lex Publilia* de 416 a.C., com a qual, ele escreve, "a romana república se declarou mudada de estado, de aristocrática para popular" (§ 104), ocorre a passagem da primeira à segunda forma de república. O fim da república popular e a passagem à terceira forma de estado, o principado ou monarquia, ocorrem por razões não diversas daquelas aduzidas pelos clássicos sobre a morte natural de todas as democracias, pela degeneração da liberdade em licença e do antagonismo criativo em disputa destrutiva de facções e em guerra civil. O principado surge, para Vico, não contra as liberdades populares, mas para protegê-las das facções, para defender o povo, poder-se-ia dizer, contra si mesmo. No elogio que Vico faz da forma monárquica (elogio que vale também para seu tempo), deve-se apreender a ideia de que o reino não é forma alternativa de estado em relação à república popular – diferentemente da república popular, que é forma verdadeiramente alternativa em relação à república aristocrática –, mas é a própria república popular protegida contra seus males, é o governo popular conduzido à perfeição, quase imunizado contra sua fácil e fatal degeneração. Em outras palavras, poder-se-ia também dizer assim: enquanto república aristocrática e república popular são antitéticas, a monarquia está em relação de continuidade com o governo popular.

De resto, esta diversidade de planos em que se colocam as três formas de estado é confirmada por outra representação do curso histórico da humanidade que Vico introduz, extraindo-a da tradição egípcia. Refiro-me à partição das fases da história em idade dos deuses, idade dos heróis e idade dos homens. À idade dos deuses corresponde o estado das famílias, caracterizado, como se viu, pelo surgimento do sentimento religioso e pela subordinação reverente e timorata do homem primitivo, mal saído do sono da bestialidade, aos avisos do céu. À idade dos heróis corresponde a idade das repúblicas aristocráticas, que Vico chama "sociedades heroicas", porque são dominadas por homens fortes, rudes, violentos contra os próprios súditos, a quem só apraz o que é lícito e só é lícito o que traz benefício, mas que são, ao mesmo tempo, os verdadeiros fundadores dos primeiros estados, os verdadeiros geradores da grande passagem do estado de natureza ao estado civil. À idade dos homens correspondem tanto a república popular quanto a monarquia. Daí deriva que, enquanto a república aristocrática constitui por si só um gênero, a república popular e a monarquia são duas espécies do mesmo gênero. E esta conclusão não muda caso se considere outra partição dos tempos históricos introduzida por Vico, aquela baseada na distinção (também clássica) entre as três faculdades da mente humana, o sentido, a fantasia e a razão: enquanto a república aristocrática pertence à idade em que no homem prevalece a fantasia, tanto a república popular quanto a monarquia pertencem à idade última da razão, à idade em que o homem alcança o momento mais alto de sua humanidade. Por fim, caso se distinga toda a história da humanidade nas duas grandes fases de barbárie e civilização, as sociedades heroicas pertencem ainda à idade da barbárie, enquanto a república popular e a monarquia representam, ambas, o momento em que o homem entrou na idade da civilização. Quero dizer que, se adotarmos quer a tripartição de idade dos deuses, idade dos heróis, idade dos homens, quer a bipartição entre barbárie e civilização, a república aristocrática pertence a uma categoria diversa daquela a que pertencem, juntas, a república popular e a monarquia. Para completar, deve-se observar que a tripartição das idades não coincide com a tripartição das autoridades, monástica, econômica, civil, que mencionamos antes: trata-se, com efeito, de duas divisões diversas do tempo histórico. A tripartição das autoridades compreende todos os cinco momentos do desenvolvimento histórico, o estado ferino, o estado das famílias, a república aristocrática, a república popular, a monarquia, e divide-as assim: estado ferino (autoridade monástica), estado das famílias (autoridade econômica), as três formas de estado (autoridade civil). A tripartição das idades compreende somente quatro dos cinco momentos ao deixar fora o estado ferino e divide-as deste outro modo: estado das famílias (idade dos deuses), república aristocrática (idade dos heróis), república popular e monarquia (idade dos homens).

Considero não haver melhor modo de resumir o que disse até aqui do que transcrever por inteiro um trecho sintético da *Ciência nova segunda*, intitulado "Três espécies de governos":

> Os primeiros foram *divinos*, que os gregos diriam "teocráticos", nos quais os homens acreditaram que os deuses comandavam todas as coisas; foi a idade dos oráculos, que são a mais antiga das coisas que se leem sobre a história. Os segundos foram *governos heroicos ou aristocráticos*, o que vale dizer "governo dos optimates", na significação de "fortíssimos". [...] Neles, por distinção de natureza mais nobre, porque se acredita de origem divina, como acima dissemos, todas as razões civis estavam encerradas dentro das ordens reinantes dos mesmos heróis, e aos plebeus, reputados de origem bestial, permitiam-se unicamente os costumes da vida e da natural liberdade. Os terceiros são os *governos humanos*, nos quais, por igualdade da inteligente natureza, que é a própria natureza do homem, todos se igualam com as leis, pois todos nascem livres em suas cidades livres e *populares*, onde todos ou a maior parte são forças justas da cidade, e em razão destas forças justas são eles os senhores da liberdade popular; ou nas *monarquias*, nas quais os monarcas igualam todos os súditos com suas leis e, tendo só eles em suas mãos toda a força das armas, só se distinguem pela civil natureza. (§§ 925-927)

Além disso, considero útil reproduzir numa ilustração todas as figuras definidas até aqui com as respectivas partições, advertindo que coloquei em posição intermediária os cinco momentos do curso histórico, à esquerda os grupos binários, à direita os ternários:

Bárbárie { Fase pré-estatal { Pré-história { Estado ferino { Autoridade monástica

Civilização { Fase dos Estados { História { Estado das famílias { Autoridade econômica { Idade dos deuses / Idade dos heróis

República aristocrática
República popular
Monarquia } Autoridade civil } Idade dos homens

Não se pode encerrar o capítulo sobre Vico sem tentar alguns paralelos com as teorias precedentes. Detenho-me, sobretudo, em dois pontos que me parecem essenciais para caracterizar a grande e arrojada obra viquiana em relação à de seus predecessores: a direção do curso histórico e a causa das mudanças. Disse que uma filosofia da história é caracterizada pela direção que imprime à mudança e pela natureza das causas pelas quais ela considera que a mudança se verifica. Com relação à direção, podem-se distinguir dois modelos de filosofia da história, aquele pelo qual a história se move em sentido progressivo (isto é, na direção do bem para o melhor) e aquele pelo qual a história se move em sentido regressivo (isto é, na direção do mal para o pior). Outras concepções que aqui não nos interessam são aquelas segundo as quais a história não tem nem direção, no sentido de que se move em todas as direções sem razão plausível, nem mudança, no sentido de que é estacionária e, portanto, sempre igual a si mesma.

Com relação à direção, a filosofia da história de Vico se distingue das filosofias da história dos antigos porque é progressiva, enquanto aquelas, como vimos repetidamente, eram todas regressivas. Exemplo clássico de concepção regressiva do curso histórico é a platônica, segundo a qual a passagem de uma constituição para outra ocorre por sucessivas degenerações, com a consequência de que a constituição seguinte é sempre pior do que a precedente. Mas também na concepção aristotélica e na polibiana, retomada por Maquiavel, o curso das constituições, mesmo seguindo uma linha interrompida e não contínua, em última instância é sempre no sentido da gradual degradação. No entanto, ocorre na concepção viquiana todo o contrário: o homem sobe gradualmente do estado ferino para a mais excelente das formas de governo. Consideremos apenas as três formas clássicas de governo, monarquia, aristocracia, democracia. Até agora vimos autores que, tendo delas feito um uso histórico, dispuseram-nas em ordem decrescente, partindo da melhor para chegar à pior. Vico faz uso histórico oposto: parte da pior, a república aristocrática, que ainda não pertence ao momento da razão inteiramente explicitada, e chega à que considera, inclusive para seu tempo, a melhor. A concepção da história de Vico se inscreve com pleno direito na história das teorias do progresso, que tem início com a visão cristã do curso histórico e prossegue com a visão primeiro humanista e, a seguir, iluminista, que seculariza a visão cristã, mas não a renega. (Problema muito interessante, o dos diversos esquemas conceituais com que os filósofos pensaram a história da humanidade; mas grave demais para ser enfrentado neste lugar. Limito-me a assinalar um livro muito estimulante sobre o tema: K. Löwith, *Significato e fine della storia*. Milão: Edizioni di Comunità, 1963.)

A descrição da visão histórica de Vico não ficará completa se não se responder a esta questão: o que acontece uma vez que o curso histórico chega a seu completamento, no caso específico à forma de estado monárquica? As respostas possíveis são pelo menos três: a história se detém, progride para outras formas ainda não previsíveis ou retorna ao ponto de partida. A resposta de Vico é a terceira: uma vez completado seu primeiro curso, a humanidade entra em fase de decadência tão grave que é obrigada a partir novamente do princípio. Depois do "curso" vem o "recurso". O que significa que Vico tem visão ao mesmo tempo *progressiva* e *cíclica*. Por progressiva, esta visão da história se distingue da visão dos antigos; mas, por cíclica, continua a tradição dos antigos e se distingue das teorias do progresso indefinido (isto é, contínuo, sem retornos), próprias dos modernos. Deve-se ainda dizer que o tema da decadência e, portanto, do recurso foi sugerido a Vico pela mesma história de Roma em que se exercitara em contínua e "desesperadíssima" investigação: o fim do império romano abre uma idade nova a que Vico dedica todo um livro de sua obra maior, a idade do medievo, que ele chama, não por acaso, a idade de "barbárie retornada" ou "barbárie segunda", comparada à barbárie "primeira" de que nasce o curso terminado com a decadência do estado romano e as invasões bárbaras. Na idade do medievo, a humanidade retorna ao estado das famílias, passa pelas repúblicas aristocráticas que Vico diz estarem a desaparecer (e dá os exemplos de Gênova, Veneza, Lucca, Ragusa), culmina nas repúblicas populares (de que vê dois exemplos nos Países Baixos e na Suíça) e, sobretudo, nas monarquias (não se deve esquecer que ele era súdito de um estado monárquico) de sua idade contemporânea. Vico contempla o segundo curso, ou o primeiro recurso, e aqui sua meditação se detém.

Resta o problema das causas da mudança, isto é, da passagem de uma fase a outra do curso histórico e da passagem de todo um curso chegado a seu completamento ao recurso. Salvo na passagem do estado ferino ao estado das famílias, em que a causa é externa, o raio de Júpiter, nas outras passagens de uma fase a outra de um curso as causas são internas à própria sociedade da qual se gera a mudança. E são, como se viu, a revolta dos fâmulos na passagem do estado das famílias às repúblicas aristocráticas, a luta dos plebeus pelo reconhecimento de seus direitos e da igualdade jurídica com os patrícios na passagem da república aristocrática à república popular e, por fim, as discórdias e a guerra civil na passagem da república popular à monarquia. Entre as causas das duas primeiras passagens existe certa semelhança, embora as consequências sejam diversas: no primeiro caso, a revolta dos oprimidos não produz um estado novo em que os oprimidos de ontem se tornam os dominadores de hoje, mas produz, ao contrário, o reforço do domínio dos velhos senhores, os quais se estreitam em aliança com o escopo de conservar o domínio (caso verdadeiramente exemplar de heterogênese dos fins!). No segundo caso, a revolta dos oprimidos conduz à instituição de verdadeiro estado novo, a república popular, que modifica substancialmente a velha relação de forças. Importante a ser observado é que seja a primeira mudança, seja a segunda são interpretadas como movimentos rumo ao progresso histórico (não rumo ao regresso): o que significa que, para Vico, a luta, o antagonismo, o conflito não devem ser considerados fatores destrutivos, mas, antes, devem ser indicados como momentos necessários para o avanço social. Já vimos em Maquiavel aflorar a ideia de que a luta de classes entre patrícios e plebeus foi uma das razões pelas quais Roma manteve a própria liberdade. Continuando a lição de Maquiavel, Vico expressa uma concepção antagonista da história, isto é, uma concepção pela qual o momento aparentemente negativo – o momento da luta entre partes adversárias – tem no final resultado positivo – a instituição de uma forma de convivência humana superior à precedente. Ainda que com certa cautela, pode-se falar de concepção dialética da história, caso se entenda por concepção dialética da história a concepção segundo a qual o curso histórico procede por afirmações e negações e os momentos negativos são tão necessários quanto os momentos positivos. Também na passagem da república popular à monarquia pode-se dizer que do mal nasce o bem, das facções e da guerra civil a forma mais alta de ordenamento político, embora as partes adversárias não sejam mais as classes antagônicas e o conflito ocorra dentro das próprias partes dominantes.

É preciso fazer raciocínio diverso acerca das causas da mudança de todo o curso, isto é, da passagem do curso ao recurso. Mas, antes, transcrevo o esplêndido trecho em que Vico descreve precisamente a passagem da fase extrema a que chegou a civilização de uma república até à "barbárie retornada":

> Mas, se os povos apodrecem naquele último mal-estar civil, que nem internamente permitam um monarca nativo nem de fora venham nações melhores a conquistá-los e a conservá-los, então a Providência, neste extremo mal, adota remédio extremo: [...] com obstinadíssimas facções e desesperadas guerras civis, farão das cidades selvas e, das selvas, covis de homens; e, destarte, *dentro de longos séculos de barbárie*, enferrujarão as malfadadas sutilezas dos engenhos maliciosos, que os terão tornado feras mais tremendas *com a barbárie da reflexão* do que tinha sido a primeira barbárie do sentido. (*A ciência nova segunda*, cit., § 1.106, *grifos meus*.)

Também nesta transição têm importância crucial as lutas internas. Mas a diferença em relação às passagens precedentes reside em que as mesmas causas não geram mais o mesmo efeito, isto é, uma mudança interna no curso, mas um efeito bem mais perturbador, isto é, a passagem de um curso a outro. Qual é o elemento distintivo? O elemento distintivo deve ser buscado na expressão densa de significado "barbárie da reflexão". O que se entende por "barbárie da reflexão"? Entende-se a razão que, desvinculando-se de uma concepção providencialista da história, pretende contar só consigo mesma. Condenando a "barbárie da reflexão" e até acusando-a de ser a principal causa da decadência das nações, Vico condena a razão libertina e, antecipadamente, a razão iluminista, aquela razão que, conduzindo até as extremas consequências a própria potência indagadora, tem por efeito a desconsagração da natureza e da história, e, portanto, o retorno à fase originária em que o homem, tendo perdido o sentido do divino e o temor de Deus, recomeça a vagar pelas selvas à maneira de fera. Para concluir, pode-se dizer que, enquanto nas mudanças parciais do mal surge o bem, aqui, na mudança total, do mal surge o mal e, portanto, fica desmentida a lei da dialética? Sim e não. Sim, porque do mal do excesso de razão nasce o mal da perda da razão e do retorno ao homem todo sensualizado e nada racional. Não, porque esta degeneração radical de uma sociedade tornada bárbara por excesso de civilização é necessária para que o homem, de volta à verdadeira e genuína barbárie, a do "sentido", não a da "reflexão", reencontre as forças necessárias para percorrer de novo o longo caminho de nova civilização (que, certamente, a Providência fará com que seja superior à precedente, para que o esforço e a pena de recomeçar não sejam em vão).

CAPÍTULO X

MONTESQUIEU

A maior obra de Montesquieu (1689-1755), *O Espírito das Leis**, foi publicada em 1748, poucos anos depois da segunda edição da *Ciência nova* de Vico (1744). Como a *Ciência nova*, também *O Espírito das Leis* é obra complexa, de que podem ser dadas várias interpretações. Como a *Ciência nova*, não é obra de teoria política, embora contenha teoria política, na qual me deterei exclusivamente nestas lições. De todas as interpretações da *Ciência nova*, destaquei, em particular, a que a considera como filosofia da história. De todas as interpretações de *O Espírito das Leis*, interessa-me sublinhar, para os fins do curso, a que a entende como "teoria geral da sociedade". Não diferentemente de Vico, Montesquieu também se põe o problema se existam leis gerais que presidem a formação e o desenvolvimento da sociedade humana em geral e das sociedades humanas particulares. Mas, à diferença de Vico, Montesquieu move-se num horizonte de pesquisa mais amplo: o âmbito da ilimitada erudição de Vico, em grande parte, é o mundo clássico e só em pequena parte o mundo medieval e

---

*.   Obra publicada em *Clássicos Edipro*. (N.E.)

moderno, com particular referência aos estados europeus; no horizonte de Montesquieu entram e ocupam espaço determinante os estados extraeuropeus, tanto que uma categoria fundamental de sua construção conceitual, a do despotismo, foi elaborada, sobretudo, para dar conta da natureza dos governos que não pertencem ao mundo europeu. (À parte, seja para Vico, seja para Montesquieu, está o mundo dos povos primitivos, dos "selvagens".) Mas a diferença profunda entre os dois autores é outra: a dimensão viquiana é, sobretudo, a temporal (e por isso apresentei-a, mesmo à custa de dar uma ideia redutiva, como filosofia da história), a dimensão de Montesquieu é, sobretudo, a espacial ou geográfica (e por isso prefiro defini-la como teoria geral da sociedade). O interesse de Vico está voltado, sobretudo, para a decifração das leis por meio das quais aconteceu e continua a acontecer o desenvolvimento histórico da humanidade; o interesse de Montesquieu está voltado, sobretudo, para dar uma explicação da variedade das sociedades humanas e de seus respectivos governos não só no tempo, mas também no espaço.

Que o problema de Montesquieu seja principalmente o de descobrir as leis que governam o movimento e as formas das sociedades humanas, cuja descoberta, apenas ela, permite elaborar uma teoria da sociedade, está evidente desde o primeiro capítulo com que se abre a grande obra, intitulado "Das leis em geral". As primeiras linhas são dedicadas a uma definição de lei:

> As leis, em seu significado mais amplo, são as relações necessárias que derivam da natureza das coisas; e neste sentido todos os seres têm as próprias leis: a divindade, o mundo material, as inteligências superiores ao homem, os animais, o homem. (Cito da trad. it. de S. Cotta. Turim: Ed. Utet, 1952, v. I, p. 55.)

Esta distinção, mesmo que colocada no início do livro, não é nem muito clara nem muito precisa. Mas, quanto ao que nos interessa, podem-se dela extrair pelo menos duas afirmações: a) todos os seres do cosmo (incluindo Deus) são governados por leis; b) tem-se uma lei, ou melhor, pode-se enunciar uma lei quando entre dois entes do cosmo existem relações necessárias, de sorte que, dado um dos dois entes, não pode deixar de existir também o outro (o exemplo clássico desta relação é a relação de causalidade, pela qual se diz que dois entes físicos são um a causa do outro, quando, dado o primeiro, segue-se necessariamente o segundo). Destas duas afirmações, isto é, da definição de lei como enunciação de uma relação necessária entre dois ou mais entes (ponto *sub b*) e da constatação de que todas as coisas são governadas por leis (ponto *sub a*), Montesquieu logo extrai uma consequência: que o mundo não é governado por "cega fatalidade". Tanto que, logo depois de destacar bem a teoria que pretende negar, ele reitera, quase a reforçar a teoria que quer defender, a tese inicial sobre a existência de leis com estas palavras:

> Existe, pois, uma razão primitiva, e as leis são as relações intercorrentes entre ela e os vários seres, e as relações destes últimos entre si. (p. 56)

Até aqui dir-se-ia que Montesquieu pretende colocar-se diante do mundo humano como o físico se coloca diante do mundo da natureza. Mas as coisas no mundo humano são um pouco mais complexas, porque (uma afirmação desse tipo pode parecer estupefaciente) "o mundo inteligente está bem longe de ser tão bem governado quanto o mundo físico" (p. 57). E por que o mundo humano não é bem governado como o mundo físico? Por causa da natureza inteligente do homem, que o leva a não observar as leis da natureza nem as leis que ele próprio se dá (como veremos daqui a pouco). O fato de que o homem seja levado por sua própria natureza a não obedecer às leis naturais tem por efeito uma consequência que distingue claramente o mundo físico do mundo humano. A consequência é esta: para obter o respeito às leis naturais, os homens foram obrigados a se darem outras leis. Estas leis são as leis positivas, isto é, são as leis que em cada sociedade particular são postas pela autoridade a quem cabe a tarefa de conservar a coesão do grupo. Assim ocorre que, enquanto o mundo da natureza só é governado pelas leis naturais (e, portanto, é mais fácil de analisar e apreender em seu movimento mais regular e uniforme), o mundo humano é governado pela lei natural, que é comum a todos os homens, e pelas leis positivas que, tendo de se adaptarem às diversas formas de sociedade, são diversas de povo para povo. Por isso, entre outras coisas, o estudo do mundo humano é muito mais complicado, o que pode explicar por que as ciências físicas progrediram mais do que as sociais. Os dois diversos planos em que se põem os dois tipos de lei revelam-se claramente neste trecho:

Em geral, a lei é a razão humana, à medida que governa todos os povos da terra; e as leis políticas e civis de toda nação não devem ser nada além de casos particulares aos quais esta razão humana se aplica. (p. 63)

A relação entre a lei natural e as leis positivas é a relação que se dá entre um princípio geral e suas aplicações práticas. A lei natural limita-se a enunciar um princípio, como, por exemplo, aquele segundo o qual as promessas devem ser mantidas; as leis positivas estabelecem, em cada caso e de modo diverso segundo as diversas sociedades, com quais modalidades devem ser feitas as promessas a fim de ser válidas, quais sanções devem ser estabelecidas para quem não as mantiver, de modo a tornar mais provável sua execução etc. Entre as leis positivas, Montesquieu distingue três espécies: as leis que regulam as relações entre grupos independentes, por exemplo, entre os estados; as que regulam dentro do grupo as relações entre governantes e governados; e as que sempre dentro do grupo regulam as relações dos governados, cidadãos ou particulares, entre si. Constituem, respectivamente, o direito das gentes (agora, o direito internacional), o direito político (agora, o direito público), o direito civil (assim chamado mesmo agora).

Uma vez constatada a distinção entre uma lei natural universal e as leis positivas particulares, o estudo do mundo humano, à diferença daquele da natureza, requer o conhecimento mais amplo possível das leis positivas, isto é, das leis que mudam com o tempo e o lugar. Uma teoria geral da sociedade (como chamamos *O Espírito das Leis*) só pode ser elaborada com base no estudo das sociedades particulares. O propósito de Montesquieu é precisamente o de chegar a construir uma teoria geral da sociedade partindo do exame do maior número possível de sociedades históricas. Mas por que tantas sociedades diversas, cada qual com suas leis, com seus ritos, com seus costumes, se as leis naturais são universais? O intento fundamental de *O Espírito das Leis* é precisamente o de dar uma explicação para tal variedade. Tema tão velho, o da multiplicidade das leis, pelo qual o que é justo deste lado dos Alpes torna-se injusto do outro, quanto a reflexão sobre as sociedades humanas: um desses temas a que se podem dar as mais diversas respostas, uma vez que cada resposta caracteriza uma diversa concepção da natureza e do homem. Pode-se responder que esta variedade é incompreensível para a mente humana por ser desejada por uma mente superior que, em sua infinita sabedoria, faz convergir os diversos fios das diversas civilizações para misteriosa unidade. Pode-se responder que não há nenhuma explicação racional porque a história, com todas as suas estranhezas e suas aberrações, é o fruto da loucura humana ou do puro acaso. A solução que Montesquieu dá ao problema não é nem uma nem outra: a multiplicidade das leis tem uma razão, e é uma razão cujas causas podem ser encontradas desde que nos apliquemos ao estudo do mundo humano com o mesmo rigor de método e o mesmo espírito de observação que os físicos aplicam ao mundo da natureza. Resumindo as conclusões a que chega através do exame de enorme quantidade de dados que a filosofia política, as narrações históricas e os relatos dos viajantes colocaram à sua disposição, pode-se dizer que as causas da variedade das leis são de três ordens: físicas ou naturais, como o clima e a maior ou menor fertilidade do terreno; econômico-sociais, como o diverso modo que cada povo emprega para buscar seus meios de subsistência, de sorte que se distinguem os povos selvagens (caçadores), bárbaros (pastores), civis (agricultores, primeiro, e depois comerciantes); e espirituais (a religião).

Trata-se agora de ver, depois desta sumária apresentação do significado de toda a obra, qual seja o lugar que nela ocupa nosso tema, isto é, o tema das formas de governo. Digo imediatamente que ocupa lugar central. Também para Montesquieu, as categorias gerais que servem para dar sistematização às várias formas históricas de sociedade são aquelas correspondentes aos diversos tipos de ordenamento político. Mais uma vez, a tipologia das formas de governo assume importância decisiva para a compreensão (ou uso sistemático), a avaliação (ou uso prescritivo) e a interpretação histórica (ou uso historiográfico) da fenomenologia social. O que muda em Montesquieu é o conteúdo da tipologia, que não corresponde mais nem à tipologia clássica (a tripartição com base em "quem" e "como") nem à tipologia maquiavélica (a bipartição em principados e repúblicas). O livro segundo começa com um capítulo intitulado "Da natureza de três diferentes governos", que convém transcrever por inteiro:

> Existem três espécies de governos: o *republicano*, o *monárquico* e o *despótico*. [...] Pressuponho três definições, ou melhor, três fatos: o governo

republicano é aquele no qual todo o povo, ou pelo menos parte dele, detém o poder supremo; o monárquico é aquele em que um só governa, mas segundo leis fixas e estabelecidas; no governo despótico, ao contrário, um só, sem leis nem freios, arrasta a tudo e a todos segundo sua vontade e seus caprichos. (p. 66)

A diferença desta tipologia em relação às precedentes salta aos olhos. As primeiras duas formas correspondem às duas formas maquiavelianas: de fato, a república compreende, também aqui, tanto a aristocracia quanto a democracia, conforme só uma parte do povo ou "todo o povo" exerça o poder. Montesquieu diz logo em seguida:

> Quando, na república, é todo o povo que goza do poder supremo, então se tem uma democracia. Quando o poder supremo se encontra nas mãos de uma parte do povo, então chamamos isso de aristocracia. (p. 66)

Isso significa que, também para Montesquieu, a diferença fundamental com relação ao sujeito do poder soberano ocorre entre o governo de um e o governo de mais de um (não importa se estes são poucos ou muitos). Mas a tipologia de Montesquieu é diversa daquela de Maquiavel porque é, como a tipologia dos antigos, tripartite. Com esta diferença, a de que a tripartição é obtida com o acréscimo de uma forma de governo que, nas tipologias antigas, era considerada forma específica de monarquia (e também em Bodin, como vimos), isto é, o despotismo. Aliás, se se observa mais de perto a definição que do despotismo Montesquieu dá no trecho acima citado, percebemos que define o despotismo nos mesmos termos em que a tradição até agora definiu a tirania, em particular a tirania *ex parte exercitii*, isto é, como o governo de um só, "sem leis nem freios". Em suma, a terceira forma de governo de Montesquieu é, caso se tenha presente a teoria clássica, uma das formas más ou corrompidas. Segue-se daí, então, que a tipologia que estou a explicar é fortemente anômala em relação a todas as tipologias que vimos até aqui: a anomalia consiste no fato de que contamina dois critérios diversos, o dos sujeitos do poder soberano, que permite distinguir entre monarquia e república, e o do modo de governar, que permite distinguir entre monarquia e despotismo. Em outras palavras, Montesquieu usa ambos os critérios tradicionais, mas os usa simultaneamente, isto é, usa o primeiro para distinguir a primeira forma da segunda, usa o segundo para distinguir a segunda da terceira. Além de anômala, a tipologia de *O Espírito das Leis* pode dar a impressão de ser incompleta: de fato, introduzindo o despotismo como única forma degenerada, dá a entender que a república não conhece formas corrompidas. Até agora encontramos tipologias que ou negam a distinção entre formas boas e formas más (como as de Bodin e de Hobbes), ou duplicam todas as formas boas (e não só a monarquia) nas respectivas formas más. Ao contrário, Montesquieu acolhe o critério axiológico, mas só o aplica a uma das formas. Devemos daí deduzir que a república, seja aristocrática, seja democrática, não pode degenerar? Quero citar pelo menos uma passagem em que Montesquieu parece se contradizer. Trata-se de passagem do livro oitavo que tem por tema a "corrupção" dos princípios dos governos. Neste livro, ele fala da corrupção seja da democracia, seja da aristocracia, e a propósito da segunda diz:

> Assim como as democracias se arruínam quando o povo desautoriza o senado, os magistrados e os juízes, as monarquias se corrompem quando eliminam pouco a pouco as prerrogativas das ordens e os privilégios das cidades. No primeiro caso, vai-se rumo ao despotismo de todos; no outro, rumo ao despotismo de um só. (p. 215)

Observe-se a expressão "despotismo de todos" contraposta à expressão "despotismo de um só". Pode-se ser tentado a dizer, como vimos, que se trata, neste caso, de expressão imprópria: o fato é que, se for verdade que também pode ocorrer corrupção do governo democrático, chame-se ou não esta forma corrompida de "despotismo", tal como a forma corrompida do governo monárquico, a tripartição principal das formas de governo, em que aparece como forma corrompida só a corrupção da monarquia, estará incompleta e não explicará, como deveria, a grande variedade dos governos realmente instituídos pelos homens no longo curso de sua história.

Ao examinar as diversas teorias das formas de governo, sempre me preocupei em mostrar sua derivação mais ou menos direta da realidade histórica que o autor delas tinha sob os olhos, em explicar que não são nunca invenções puramente livrescas. Não diferentemente das teorias anteriores, a de Montesquieu também só se explica em sua aparente anomalia e em sua real incompletude se considerada como reflexão sobre a história de seu tempo e sobre a história passada segundo uma interpretação pessoal. Disse que, em relação a Vico, a obra de Montesquieu caracteriza-se pela enorme importância que nela assume a consideração do mundo extraeuropeu, especialmente do mundo asiático. Pois bem, a categoria do despotismo, que pela primeira vez é elevada a categoria representativa de uma das formas típicas de governo (quando, até então, o governo despótico fora computado entre as subespécies da monarquia), torna-se a categoria essencial para a compreensão do mundo oriental. É como se se dissesse que, uma vez incluído no próprio horizonte o mundo oriental, não se pode mais prescindir da categoria do despotismo para elaborar uma completa e correta tipologia das formas de governo. Tão profunda é a convicção de Montesquieu de que o mundo extraeuropeu, em especial o asiático, não pode ser compreendido com as categorias históricas que havia milênios serviam para compreender o mundo europeu, que ele indica como exemplo típico de despotismo a China, que, no entanto, os iluministas exaltavam como exemplo de bom governo (ao ser interpretado não como governo "despótico" ou "senhorial", mas como governo "paterno"). Montesquieu dedica um capítulo (Capítulo XXI do Livro VIII) a refutar "nossos missionários que nos falam do vasto império chinês como de um governo admirável", e o conclui com estas palavras:

> A China, pois, é um estado despótico, cujo princípio é o medo. Pode ser que, nas primeiras dinastias, não sendo o império ainda tão extenso, o governo se afastasse às vezes deste espírito. Mas hoje não é mais assim. (p. 324)

Portanto, a tipologia de Montesquieu torna-se mais clara se interpretada como repetição da tipologia tradicional, pelo menos a partir de Maquiavel, que, com base nas transformações ocorridas na sociedade europeia, classifica todos os estados ou como repúblicas ou como principados, com um complemento: a saber, com o acréscimo da categoria que serve para incluir no esquema geral das formas de governo também o mundo oriental. Deve-se acrescentar que Montesquieu também pode ter obtido da história passada confirmação de sua tipologia, especialmente da história romana, a qual, como todos os grandes escritores políticos, a partir de Políbio, ele tornara objeto de suas reflexões, em particular numa obra escrita antes de *O Espírito das Leis*, intitulada *Considerações sobre as causas da grandeza dos romanos e de sua decadência** (1733). A história romana podia ser dividida nestes períodos: a monarquia do primeiro período dos "reis de Roma", a república, primeiro, aristocrática e, depois, democrática do período republicano, e por fim o despotismo do período do império. (Observe-se a diferença em relação à interpretação viquiana, que, ao considerar o período do principado como correspondente ao governo monárquico, que é para Vico a melhor forma de governo, dá do império, pelo menos nos primeiros séculos, um juízo positivo.)

Em relação às tipologias precedentes, a de Montesquieu apresenta outra novidade: ela é conduzida em dois planos diversos, chamados, um, da "natureza" dos governos, outro, "dos princípios". As definições dos três governos até agora dadas são as definições dos governos segundo sua "natureza". Mas os próprios três governos também podem ser distinguidos com base nos respectivos "princípios". A diferença entre natureza e princípio é formulada pelo próprio Montesquieu deste modo:

> Entre a natureza do governo e seu princípio existe esta diferença: sua natureza é o que o torna tal como é, seu princípio é o que o faz agir. Uma é sua estrutura particular, o outro, as paixões humanas que o fazem mover. (p. 83)

A "natureza" de um governo deriva de sua "estrutura", isto é, da constituição que regula de certo modo, que diferencia de forma para forma quem governa e de que modo. Mas, segundo Montesquieu, toda forma de governo também pode ser caracterizada pela paixão fundamental que induz os súditos a agir em conformidade com as leis estabelecidas e, por consequência, permite que todo ordenamento político dure. Esta "paixão" fundamental, que Montesquieu chama muitas vezes "mola" (*ressort*), da qual todo governo precisa para poder desempenhar corretamente a própria tarefa, é o "princípio". Digo, desde logo, que esta tese do princípio diverso que inspira os diversos ordenamentos também não é nova, porque nos faz imediatamente vir à mente a tipologia platônica que é em parte baseada nas diversas "paixões" (podemos chamá-las precisamente assim) que imprimem característica específica às diversas camadas dirigentes, personificadas no homem timocrático, no homem oligárquico etc. Usando

---

*.   Obra publicada pela Edipro. (N.E.)

o termo de Montesquieu "princípio", podemos dizer que o princípio da timocracia, para Platão, é a honra, da oligarquia a riqueza, da democracia a liberdade, da tirania a violência. Quais são os três princípios de Montesquieu? São os seguintes: a virtude na república, a honra na monarquia, o medo no despotismo. (Um só, a honra, é comum a Platão e a Montesquieu; mas, se se observam bem as duas tipologias, vê-se que a platônica é feita *ex parte principis*, a de Montesquieu *ex parte populi*, como bem se vê no caso da tirania ou despotismo, que é caracterizado por Platão com base na "paixão" do tirano, por Montesquieu com base na "paixão" dos súditos.)

Por "virtude" Montesquieu entende não a virtude moral, que é disposição meramente individual, mas uma disposição que liga intimamente o indivíduo ao todo de que faz parte. Chama-a repetidamente "amor à pátria", como no seguinte trecho:

> O temor aos governos despóticos nasce por si só entre ameaças e castigos; nas monarquias, as paixões favorecem a honra e, por sua vez, são favorecidas por ela; mas a virtude política é uma renúncia a si mesmo, sempre bastante penosa. Podemos definir esta virtude como amor às leis e à pátria; amor que, requerendo contínua supremacia do interesse público sobre o próprio interesse, produz todas as virtudes particulares: as quais, antes, nada mais são do que esta supremacia. (p. 104)

E mais adiante:

> Numa república, a virtude é coisa muito simples: é o amor à república, é um sentimento, não uma série de conhecimentos; podem-no experimentar tanto o último quanto o primeiro dos cidadãos. O povo, desde que dotado de uma vez por todas de boas máximas, segue-as por mais tempo do que aqueles a quem chamamos homens morigerados. Raramente a corrupção começa por ele. Muitas vezes, da mediocridade das próprias luzes extrai maior apego à ordem estabelecida. O amor pátrio conduz aos bons costumes, e os bons costumes ao amor pátrio. (p. 115)

Este modo de entender a virtude suscitou, já no tempo de Montesquieu, muitas objeções, a começar por Voltaire, o qual considerava que a virtude fosse mais adequada aos governos monárquicos e a honra aos republicanos. Em geral, perguntava-se se a virtude não era necessária a todas as formas de governo. Para responder a seus críticos, Montesquieu escreve na advertência colocada nas edições seguintes o seguinte esclarecimento:

Para compreender os primeiros quatro livros desta obra, deve-se ter presente: 1. O que chamo de virtude nas repúblicas é tão só o amor à pátria, isto é, o amor à igualdade. Ela não é virtude moral nem cristã, mas política, e é a mola que faz mover o governo republicano, assim como a honra é a mola que faz mover a monarquia. Portanto, chamei de virtude política o amor à pátria e à igualdade. (p. 51)

Ao precisar o conceito de virtude como mola das repúblicas, como vimos, Montesquieu também recorre ao conceito de igualdade. Este conceito deve ser sublinhado porque serve para distinguir a república (aqui se deve acrescentar a república democrática) das outras formas de governo que, ao contrário, baseiam-se em irredutível desigualdade entre governantes e governados, como também em irredutível desigualdade entre os próprios governados. Importante este conceito, até porque é a condição mesma do exercício da virtude como amor à pátria. Ama-se a pátria por ser sentida como coisa de todos. É sentida como coisa de todos pelo fato de todos se considerarem e serem iguais entre si.

Menos fácil de compreender e definir é o conceito de honra (que o próprio Montesquieu não define). Entre as várias passagens, uma das mais iluminadoras me parece a seguinte:

Como dissemos, o governo monárquico pressupõe a existência de ordens, preeminências e até nobreza originária. A honra, por sua natureza, reclama distinções e preferências: logo, seu lugar se encontra em governo desse tipo. A ambição é perigosa numa república, mas tem bons efeitos numa monarquia: tem a vantagem de não ser aí perigosa, porque facilmente pode ser reprimida. Poderíeis dizer que sucede o mesmo ao sistema do universo, no qual uma força afasta incessantemente do centro todos os corpos, enquanto a força da gravidade a ele os reconduz. A honra movimenta todas as partes do corpo político, liga-as mediante sua própria ação, e eis que cada qual se dirige para o bem comum, acreditando dirigir-se para os próprios interesses particulares. (p. 91)

Por "honra", ou melhor, por "sentimento de honra", entende-se aquele sentimento que nos faz realizar determinada ação unicamente pelo desejo de ter ou manter boa reputação. Enquanto a virtude republicana nos faz agir em vista do bem comum, a honra é mola individual (como o interesse), mas serve, independentemente da vontade do indivíduo, ao bem comum, à medida que induz ao cumprimento do próprio dever. (O que é essencial em toda sociedade é que existam "paixões" ou "molas" que induzam os súditos a cumprir o próprio dever, antes de tudo o dever de obedecer às leis.) À diferença da virtude republicana, que só pode se evidenciar numa sociedade de iguais, a honra pressupõe uma sociedade de desiguais, uma sociedade baseada nas diferenças de *status*, na presença de ordens ou camadas privilegiadas, só às quais são atribuídas as funções públicas que recolhem, unicamente elas, o poder público em suas diversas expressões. O sentimento de honra não é de todos e para todos: é a mola daqueles a quem o soberano confia os cuidados do estado e que, precisamente por estes cuidados especiais a eles confiados, constituem corpos restritos e privilegiados.

A mola do despotismo, o medo, não requer comentário particular, porque se comenta por si mesma. Basta uma citação:

> Tal como numa república é necessária a virtude, e na monarquia a honra, assim também no governo despótico é preciso o medo: nele, a virtude não é necessária e a honra seria perigosa. (p. 93)

Valho-me da ocasião, porém, para chamar a atenção sobre a importância histórica que terá, mais de meio século depois da publicação da obra de Montesquieu, o princípio do medo relacionado à categoria do despotismo. No fim daquele século, pela primeira vez na história um despotismo, a ditadura jacobina, será chamado o regime do "terror". E a partir de então, sempre, ditadura revolucionária e terror serão considerados como fruto conjunto do mesmo estado de necessidade. Para Saint-Just e Robespierre, o terror é necessário para instaurar, ainda uma categoria de Montesquieu, o reino da virtude, ou seja, a república democrática. Será Robespierre a dizer em célebre discurso que "a mola do governo popular na revolução é, simultaneamente, a *virtude* e o *terror*: a virtude, sem a qual o terror é funesto, e o terror, sem o qual a virtude é impotente".

Até aqui considerei a tipologia de *O Espírito das Leis* prevalentemente em seu uso sistemático e, em parte, historiográfico. E quanto ao uso prescritivo? Em outras palavras, qual é o ideal político de Montesquieu? Na resposta a esta pergunta, entrarei na parte historicamente mais importante desta obra. Nenhuma dúvida de que, entre as três formas de governo até agora descritas, a preferência de Montesquieu é a monarquia. Mas a monarquia tal como tem em mente é aquela forma de governo que se distingue mais do despotismo do que da república, porque o poder do rei é controlado pelas chamadas ordens ou corpos intermediários. Em capítulo intitulado "Da excelência do governo monárquico", escreve:

> O governo monárquico tem uma grande vantagem sobre o despótico. Como sua natureza requer que o príncipe tenha, sob sua dependência, várias ordens relacionadas à constituição, o estado é mais firme, a constituição mais sólida, a pessoa dos governantes mais segura. (p. 134)

Esta contraposição entre despotismo e monarquia apresenta a monarquia como a forma de governo em que, entre súditos e soberano, existe uma faixa de poderes intermediários, ou de "contrapoderes", que impedem ao soberano abusar da própria autoridade. Estes contrapoderes são constituídos pelos corpos privilegiados, que desempenham funções estatais e, como tais, tornam impossível a concentração de poderes nas mãos de um só, que é a característica do governo despótico, e dão vida a uma primeira (mas não única) forma de divisão do poder, que chamo "divisão horizontal" para distinguir da divisão vertical que veremos daqui a pouco. Sobre a importância da teoria dos corpos intermediários para o desenvolvimento do estado moderno não é aqui o caso de falar: basta dizer que ela se contrapõe não só à teoria do despotismo, mas também à teoria da república enunciada por Rousseau, para o qual, uma vez constituída através do pacto social de cada um com todos os outros a vontade geral, que é a única titular da soberania, não são mais admissíveis "sociedades parciais", interpostas entre cada indivíduo e o todo; e que constitui um ideal destinado a ter fortuna nas doutrinas liberais do século XIX, que verão não só no despotismo tradicional, mas também na ditadura jacobina um triste efeito da supressão dos corpos intermediários. Aqui me limito a sublinhar a importância que esta ideia do governo monárquico, caracterizado pela presença dos corpos intermediários, tem na teoria de Montesquieu considerada em seu aspecto prescritivo, porque introduz na tipologia dos governos uma figura nova caracterizada por nítida qualificação valorativa, vale dizer, a figura do "governo moderado". Leia-se esta passagem:

[...] pareceria que a natureza humana deve rebelar-se continuamente contra o governo despótico; mas, malgrado seu amor à liberdade, seu ódio à violência, a maior parte dos povos se submete: e isso se compreende facilmente. Para formar um *governo moderado*, deve-se combinar os poderes, dirigi-los, moderá-los, fazê-los agir: dar lastro a um, digamos, para que possa resistir a outro: uma obra-prima de legislação que o acaso raramente consegue fazer e que raramente se permite fazer à prudência. (p. 143)

Como as repúblicas também podem ser "governos moderados" (como se lê no capítulo sucessivo àquele que contém o trecho citado), é o caso de pensar que a tipologia tripartite das formas de governo poderia ser substituída, se se introduzisse o uso prescritivo, por uma bipartição em governos moderados e imoderados (ou despóticos). Atesta-o, entre outros, o título do Capítulo X do Livro III, que diz: "Diferenças entre a obediência nos governos *moderados* e nos governos *despóticos*". E, mais uma vez, o que é que faz de um tipo de ordenamento político um governo moderado? O trecho citado fala claro: a distribuição do poder, de modo que, existindo poderes contrapostos, nenhum poder possa agir arbitrariamente.

Ao lado de uma divisão horizontal dos poderes, há em Montesquieu uma divisão do poder que chamo vertical: esta segunda forma de divisão constitui a célebre teoria da separação dos poderes, de todas as teorias do autor de *O Espírito das Leis* certamente a que teve maior fortuna, tanto que as primeiras constituições escritas, a constituição americana de 1776 e a francesa de 1791, dela se consideram aplicação. Já mencionamos a teoria da separação dos poderes no final do capítulo sobre Hobbes: aqui repetimos que esta teoria pode ser considerada como a interpretação moderna da clássica teoria do governo misto. Entre governo misto e governo que, para adotar a expressão de Montesquieu, chamaremos "moderado", existe unidade de inspiração: ambos derivam da convicção de que, para não haver abuso de poder, o poder deve ser distribuído de modo que o poder máximo seja o efeito de sábio jogo de equilíbrio entre diversos poderes parciais e não fique concentrado nas mãos de um só. Recordem-se as expressões que usa o primeiro teórico do governo misto, Políbio, quando diz que num governo misto "nenhuma das partes excede sua competência e ultrapassa a medida". Veremos expressões análogas em Montesquieu. No entanto, entre governo misto e governo moderado existe uma diferença em relação ao modo como se concebe esta distribuição dos poderes. O governo misto deriva de recomposição das três formas clássicas e, pois, de distribuição do poder entre as três partes que compõem uma sociedade, entre os diversos possíveis "sujeitos" do poder, de modo particular entre as duas partes antagônicas, ricos e pobres (patrícios e plebeus). O governo moderado de Montesquieu, ao contrário, deriva da dissociação do poder soberano e de sua partição com base nas três funções fundamentais do estado, a função legislativa, a executiva e a judiciária. Não se exclui que as duas partições possam coincidir, no caso em que a cada uma das três partes seja confiada uma das três funções, mas esta coincidência não é de modo algum necessária. Certamente, a Montesquieu esta coincidência não interessa de modo particular. O que interessa a Montesquieu, exclusivamente, é a separação dos poderes segundo as funções, não aquela segundo as partes constitutivas da sociedade. Quando faz o elogio, que é de praxe nos teóricos do governo misto, da república romana, não o faz porque a considere governo misto, mas porque a considera governo moderado, isto é, governo baseado na divisão e no controle recíproco dos poderes:

> As leis de Roma dividiram sabiamente o poder público num grande número de magistraturas, que se sustentavam, se freavam e se moderavam umas às outras; e, como só tinham poder limitado, todo cidadão podia a elas ter acesso; e o povo, vendo passar diante de si, um depois do outro, vários personagens, não se acostumava a nenhum deles. (*Considerações sobre as causas da grandeza dos romanos e de sua decadência*, capítulo XI.)

A teoria da separação dos poderes é exposta por Montesquieu no Livro XI, que trata das leis que formam a liberdade política. Neste capítulo, depois de definir a liberdade como "o direito de fazer tudo o que as leis permitem" (o que hoje se chama "liberdade negativa"), enuncia sua sentença: "A liberdade política se encontra nos governos moderados" (Capítulo IV) e continua:

> Mas ela nem sempre existe nos estados moderados: só existe neles quando não há *abuso de poder*. No entanto, é uma experiência eterna que todo homem, o qual tenha em mãos o poder, é levado a *dele abusar*, indo até encontrar limites. [...] Para que não se possa abusar do poder, é preciso que, pela disposição das coisas, *o poder freie o poder*. (p. 274, *grifos meus*)

Qual é o expediente constitucional que pode permitir a efetivação do princípio segundo o qual "é preciso que o poder freie o poder"? A resposta de Montesquieu, que tem em vista a constituição inglesa (que era a constituição, não o esqueçamos, que tivera Locke entre seus inspiradores), é clara: o meio para o controle recíproco dos poderes é a distribuição das três diversas funções do estado para órgãos diversos:

> Quando na mesma pessoa ou no mesmo corpo de magistratura o poder legislativo está unido ao poder executivo, não há liberdade, porque se pode temer que o mesmo monarca ou o mesmo senado façam leis tirânicas para pô-las em prática tiranicamente. Não há liberdade se o poder judiciário não está separado do poder legislativo e do poder executivo. Se estivesse unido ao poder legislativo, o poder sobre a vida e a liberdade dos cidadãos seria arbitrário, porque o juiz seria ao mesmo tempo o legislador. Se estivesse unido ao poder executivo, o juiz poderia ter a força de um opressor. Tudo estaria perdido, se a mesma pessoa ou o mesmo corpo de notáveis, ou de nobres, ou de povo, exercesse estes três poderes: o de fazer leis, o de executar as resoluções públicas e o de julgar delitos ou litígios dos indivíduos. (p. 277)

Não me alongo mais sobre este tema; os textos transcritos são bastante eloquentes por si sós. Basta-me recordar que na teoria da separação dos poderes existe a resposta do moderno constitucionalismo contra o recorrente perigo do despotismo. Como se revela claramente a partir deste outro passo:

> Os príncipes que quiseram tornar-se tiranos sempre começaram por reunir em sua pessoa todas as magistraturas. (p. 278)

A importância que Montesquieu atribui à separação dos poderes, que caracteriza os governos moderados, confirma a tese segundo a qual à tripartição das formas de governo em república, monarquia e despotismo, que corresponde ao uso descritivo e histórico da tipologia, soma-se ulterior tipologia, mais simples, relativa ao uso prescritivo, que distingue os governos em moderados e despóticos (e nos governos despóticos podem ser compreendidas não só as monarquias, mas também as repúblicas).

Capítulo XI

Intermezzo sobre o despotismo

Reputo útil esta pausa porque, depois de ter chamado a atenção sobre a importância da categoria "despotismo", que nos segue, ou nos persegue, desde Aristóteles (vimos que não existe autor que não a tome em consideração), não é possível deixar de sublinhar que só na obra de Montesquieu o despotismo se torna categoria verdadeiramente fundamental para a análise das sociedades políticas. Não há obra política, creio, em que os regimes despóticos tenham sido objeto de tantas observações particulares, e até particularizadíssimas, como *O Espírito das Leis*. Nela, o despotismo é considerado sob todos os aspectos, das causas naturais, econômico-sociais, religiosas, que o determinam, às leis penais, civis, suntuárias etc., que o caracterizam. Como a história da noção de despotismo começa com Aristóteles, não é sem interesse ler o que Montesquieu escreve a propósito da noção aristotélica:

A incerteza de Aristóteles fica clara quando trata da monarquia. Estabelece para esta cinco tipos, que não distingue pela forma da constituição, mas por fatos acidentais, como a virtude e os vícios do príncipe, ou por causas externas, como a usurpação ou a sucessão das tiranias. Aristóteles coloca entre as monarquias o império persa e o reino de Esparta. Mas quem não se dá conta de que o primeiro era um estado despótico e o outro uma república? Os antigos, que não conheciam a distribuição dos poderes no governo de um só, não podiam fazer ideia justa da monarquia. (p. 295)

Apesar de sua brevidade, este passo nos faz perceber de modo palpável em que consiste a novidade de Montesquieu em relação à tradição: enquanto Aristóteles, seguido pela maior parte dos escritores políticos até da idade moderna (pensemos em Maquiavel e Bodin), fez do despotismo uma espécie do gênero "monarquia", Montesquieu explica nesta passagem por que o despotismo deve ser considerado uma forma de governo inteiramente diversa da monarquia e, portanto, esclarece-nos plenamente o fato de que em sua tipologia o despotismo aparece pela primeira vez como forma autônoma, isto é, como forma de governo distinta tanto da república quanto da monarquia. Como se viu no capítulo precedente, o critério de distinção é a "distribuição dos poderes", que existe nas monarquias e está ausente nos regimes despóticos. Deste modo, o passo citado demonstra mais uma vez qual importância dava Montesquieu à separação dos poderes, isto é, à instituição que torna um governo "moderado".

Uma prova da amplitude e da autonomia da categoria do despotismo em Montesquieu também pode ser extraída da observação de que ela é descrita na variedade de seus aspectos, naturais, econômicos, jurídicos, sociais, religiosos etc., enquanto nos autores precedentes o critério que caracterizava o despotismo era sobretudo o político, em particular a identificação da relação entre governantes e governados como relação entre senhores e escravos. Não faltam na obra de Montesquieu referências ao conceito de escravidão, em particular da escravidão política, que é cuidadosamente diferenciada da escravidão civil e da doméstica, para definir o despotismo, como quando escreve, a propósito da educação, que nos governos despóticos "a educação tem de ser servil" (IV, 3), ou, a propósito do tratamento das mulheres, que "nos estados despóticos as mulheres não introduzem o luxo, mas são, elas próprias, objeto de luxo e devem viver em condição de extrema escravidão" (VII, 9), ou ainda, a propósito das leis que regulam a escravidão civil, que "nos países despóticos, em que já se está em regime de escravidão política, a escravidão civil é mais tolerável do que em outros lugares" (XV, 1). Mas a escravidão é só um dos elementos, nem mesmo o mais importante, para caracterizar o regime despótico. Outros elementos são o clima (quente), a natureza do terreno (os países mais férteis são aqueles em que é mais fácil estabelecer-se um regime despótico), a extensão do território (o despotismo é necessário nos estados muito grandes), a índole e o engenho dos habitantes (moles e preguiçosos), o tipo de leis (não leis propriamente ditas, mas usos e costumes que se transmitem oralmente), a religião (enquanto o governo moderado adapta-se mais à religião cristã, o governo despótico é o mais adaptado à religião maometana) e assim por diante. Leia-se este capítulo de três linhas, verdadeiramente lapidar:

> Quando os selvagens da Luisiana querem uma fruta, cortam a árvore pela raiz e recolhem a fruta. Eis o governo despótico. (V, 13, p. 136)

Aqui o despotismo é referido a um comportamento que pertence à esfera econômica, como se explica algumas páginas mais adiante, nas quais Montesquieu sustenta que nestes estados "só se constroem casas para a duração de uma vida; não se cavam fossos nem se plantam árvores; tira-se tudo da terra sem lhe restituir nada; tudo é inculto, tudo é deserto" (p. 140). (Montesquieu extraíra a observação sobre os selvagens da Luisiana – observação que fizera Voltaire indignar-se por causa de sua "imbecilidade" – das narrativas de missionários. Mas Corrado Rosso observou recentemente que os "selvagens" não eram assim tão imbecis – e só preconceitos enraizados e duros de morrer os pintavam assim –, uma vez que existem árvores, como as bananeiras, cujos frutos se recolhem "cortando a árvore pela raiz", como de resto explicava exatamente o artigo "Bananeira" da *Enciclopédia*.)

O elemento de continuidade entre Montesquieu e os clássicos, com relação à categoria do despotismo, é a delimitação histórica e geográfica desta forma de governo. Montesquieu fala "daquela parte do mundo em que o despotismo está, digamos, naturalizado, isto é, a Ásia" (p. 143). A identificação entre despotismo e despotismo "oriental" – identificação que encontraremos ainda em Hegel e na maior parte dos escritores do século XIX – é definida por Montesquieu em todas as suas particularidades e, por assim dizer, consagrada. Em sua obra principal *De l'esprit* (1758), Helvétius detém-se longamente na contraposição entre governos livres e despóticos (sobretudo nos capítulos XVI-XXI do terceiro Discurso), mas, no momento em que enfrenta o problema deste contraste, logo adverte que, falando de despotismo, refere-se "àquele desejo desenfreado de poder arbitrário, tal como se exerce no Oriente". Distinguindo duas espécies de despotismo, o que se abate repentinamente com a força sobre uma nação virtuosa, como a Grécia, e o que se instaura através do tempo, do luxo e da languidez, pretende deter-se sobretudo neste último, que caracteriza os estados do Oriente. Referindo-se às observações de Montesquieu sobre a relação entre despotismo e religião, Nicolas-Antoine Boulanger expõe uma interpretação religiosa, ou melhor, teocrática, do despotismo em sua obra, publicada postumamente, *Recherches sur l'origine du despotisme oriental* (1762): a origem de todos os males da sociedade reside, segundo Boulanger, no governo da religião, isto é, na teocracia, que no Oriente produziu os regimes despóticos: "De todos os vícios políticos da teocracia – escreve –, eis o maior e o mais fatal, aquele que preparou o caminho para o despotismo oriental" (seção XI). Creio não ser supérfluo recordar neste ponto que, por razões de polêmica política, o tema do despotismo oriental foi ressuscitado até em nossos dias no conhecido e discutido (discutível) livro de Karl A. Wittfogel, *Oriental Despotism* (1957, trad. it. 1968). A contraposição entre sociedades policêntricas, como as que se enraizaram na Europa, caracterizada por forte tensão entre sociedade civil e aparelho estatal, e sociedades monocêntricas, caracterizadas pelo predomínio do estado sobre a sociedade, tais como se formaram e estabilizaram nos grandes impérios orientais, e de todo modo em sociedades extraeuropeias (como algumas das grandes civilizações da América pré-colombiana, já arroladas entre os regimes despóticos pelo próprio Montesquieu), seria não um conceito polêmico, mas uma realidade histórica, que deve ser analisada com instrumentos de investigação diversos daqueles empregados até agora pelos que a aceitaram. Wittfogel retoma alguns temas tradicionais: o caráter total, não controlado e, portanto, absoluto, do poder despótico; o terror como instrumento de domínio e, correlativamente, a sujeição total do súdito ao soberano; a longa duração no tempo; e, por fim, a conexão entre regime despótico e teocracia. Em relação à tradição, a inovação de Wittfogel diz respeito à explicação do fenômeno: os poderosíssimos aparelhos burocráticos que constituem o nervo do despotismo nascem da necessidade em que se encontram os territórios das grandes planícies asiáticas de regulamentação da irrigação, isto é, de regular e regulada (pelo alto) distribuição e canalização da água nos rios. Não se trata mais, como nos escritores clássicos, da natureza dos povos submissos e nem mesmo, como em Montesquieu, da natureza do clima ou do terreno: o estado burocrático e despótico das sociedades que o autor chama "hidráulicas" nasce de razões técnicas, por sua vez conexas à natureza do solo e à forma de produção. Como forma de governo, o despotismo é caracterizado pelo monopólio da organização burocrática, que, formado por razões objetivas nas sociedades agrárias, hoje também é aplicado em sociedades altamente industrializadas (o alvo polêmico é aqui evidente) e representa a mais terrível ameaça jamais feita à liberdade do homem.

Em todos os autores citados, o "despotismo oriental" é sempre considerado como categoria negativa. Montesquieu usa a expressão "aqueles monstruosos governos". No entanto, no mesmo século XVIII existem escritores que usam a mesma categoria, creio pela primeira vez na história, com conotação positiva. Refiro-me de modo particular aos fisiocratas, que propõem à reflexão de seus contemporâneos um novo tema, o do "despotismo iluminado" (pelo modo como se entendeu o despotismo na tradição, esta expressão é já por si só uma *contradictio in adiecto*). A tese fundamental da escola fisiocrata, cujo chefe de fila é François Quesnay (1694-1774), é que o único *krátos*, ou domínio, pelo qual os homens deveriam se deixar guiar para ser felizes e prósperos, é o da *physis* (isto é, a natureza). Tanto a natureza quanto a sociedade dos homens são governadas, segundo Quesnay (veja-se seu ensaio intitulado *Droit naturel*), por leis universais e necessárias, que a razão humana bem aplicada é capaz de conhecer. Infelizmente, o homem corrompido pelas paixões e pelos preconceitos quase sempre ignorou estas leis da natureza e, com suas leis positivas bárbaras e insensatas, impediu a natureza de executar sua sábia e benéfica direção. Agora estas leis foram descobertas (ou, pelo menos, Quesnay e seus seguidores acreditavam tê-las descoberto). Só é preciso um príncipe iluminado por estes novos sábios para aplicá-las e pô-las em execução. As leis positivas, isto é, as leis impostas pela autoridade soberana, que os fisiocratas chamam "autoridade tutelar", não devem ser mais do que a execução das leis naturais, devem ser não leis constitutivas, mas só "declarativas". Para constituir este conjunto de leis, cuja função é só a de refletir o mais fielmente possível as leis naturais, basta um só príncipe, único, sábio, a quem se pede somente que tenha a força de se fazer obedecer. Antes, quanto mais o príncipe for único e seu poder iluminado e concentrado, tanto mais será capaz de governar segundo as únicas leis que devem regular a sociedade humana, isto é, segundo as leis naturais, e tanto mais será capaz de fazer respeitar "a ordem natural e essencial" das coisas. Deste conjunto de ideias nasce a nova figura do déspota bom; bom porque é necessário, porque só o déspota, isto é, aquele que consegue concentrar em suas mãos o máximo de poder, pode restabelecer a ordem natural subvertida pelas más leis positivas. Cito de uma obra de Pierre-Samuel Dupont de Nemours (1739-1817), *De l'origine et des progrès d'une science nouvelle* (1768):

> Existe uma ordem natural, essencial e geral, que abarca as leis constitutivas e fundamentais de toda sociedade: uma ordem de que as sociedades não podem se afastar sem que sejam diminuídas como sociedades, sem que o estado político tenha menos consistência.

Polemizando diretamente contra Montesquieu, que quer o poder soberano dividido, Dupont de Nemours sustenta que a autoridade, cuja tarefa é a de "velar sobre todos, enquanto cada qual cuida de seus negócios", deve ser única; declara absurda a ideia de várias autoridades em concorrência entre si, porque, se estas muitas autoridades são iguais, o resultado é a anarquia, se uma prevalece sobre as outras, só esta é a verdadeira autoridade (nada de novo sob o sol, este argumento já fora aduzido, quase com as mesmas palavras, por Hobbes). A autoridade soberana – ele diz – não é feita para fazer as leis, porque as leis já são feitas pela mão do criador;

as leis do soberano devem ser só atos declarativos da ordem natural e, portanto, as ordens contrárias às leis naturais "não são leis, mas atos insensatos que não deveriam ser obrigatórios para ninguém" (aqui nosso autor deduz as consequências lógicas do postulado jusnaturalista, segundo o qual existem leis naturais superiores axiologicamente às leis positivas, razão pela qual uma lei positiva contrária a uma lei natural "*non est lex*", para usar palavras dos escritores escolásticos, "*sed corruptio legis*").

Quanto à forma de governo, só a monarquia hereditária, segundo Dupont de Nemours, não a democracia, não a aristocracia, não a monarquia eletiva, corresponde ao ideal do bom governo, porque só neste tipo de governo "simples e natural" os soberanos são verdadeiramente "déspotas", isto é, podem dispor de plenos poderes (em nota, o autor explica com uma etimologia fantasiosa que "déspota" é quem pode "*dispor* a seu bel-prazer" do poder).

A obra em que a teoria do bom déspota é exposta com maior convicção é *L'ordre naturel et essentiel des sociétés politiques* (o título já é por si só um programa), de Paul-Pierre Le Mercier de la Rivière (1720-1793, obra publicada em 1767). Formulando a pergunta sobre qual é a melhor forma de governo, responde:

> É a que não permite se possa obter vantagem governando mal e, ao contrário, submete quem governa a não ter maior interesse a não ser bem governar. (I, p. 239)

Só o governo de um só pode alcançar este grau de perfeição, porque só o governo de um só pode se deixar guiar pela evidência, e a evidência é o contrário do arbítrio. Onde reina a evidência, onde aquilo que o soberano deve comandar não é ditado por seu capricho, mas pelo conhecimento das leis necessárias que regulam a sociedade, não se precisa de muitos poderes em concorrência entre si. É necessário um só poder ao mesmo tempo férreo e sábio. É necessário um poder, não se deve ter medo das palavras, despótico. Não se deve temer – diz Le Mercier com muita firmeza – esta palavra, usada em geral para denotar governos arbitrários e desumanos. Não: existe despotismo e despotismo:

> Há um despotismo legal, estabelecido natural e necessariamente a partir da evidência das leis de uma ordem essencial, e um despotismo arbitrário

fabricado pela opinião que se presta a todas as desordens, a todos os excessos, a que a ignorância o torna suscetível.

O que ele pretende designar quando elogia o despotismo como única forma reta e sábia de governo não é o despotismo arbitrário, mas o despotismo legal; é o despotismo cujo critério não é a opinião (mutável e subjetiva), mas a evidência (critério objetivo, não dependente de nossas sensações, que tem sempre, por toda parte e para quem quer que seja, a mesma autoridade). Euclides, que descobriu de uma vez por todas as regras da geometria que desde então todos seguimos necessariamente, sem nos rebelarmos, não será talvez déspota? Precisamente, seu despotismo é o da evidência, não é o da opinião. E o despotismo da evidência é o único modo que nos é permitido para nos livrarmos do despotismo da opinião, isto é, do arbítrio. Feliz a nação – conclui nosso autor – que goza do benefício de um despotismo da evidência.

Não nos afastamos, como pode parecer, de Montesquieu. A avaliação positiva do despotismo feita pelos fisiocratas e levada às extremas consequências por Le Mercier de la Rivière é a antítese clara do juízo que sobre o despotismo, aquele "monstruoso governo", dera o autor de *O Espírito das Leis*. E também é sua antítese porque um dos pontos firmes dos defensores do despotismo, mesmo que legal, é a crítica da separação de poderes, dos chamados "contrapesos". Em 1768, Mably (1709-1785) escreveu uma refutação ponto por ponto das teses de Le Mercier em livro intitulado *Doutes proposées aux philosophes économistes sur l'Ordre naturel et essentiel des sociétés politiques*, em que um dos temas mais longamente tratados é exatamente a crítica ao despotismo e a defesa da separação de poderes, que é identificada por Mably, sem mais nem menos, com a figura tradicional do "governo misto". Para Mably, não se pode fazer nenhuma distinção entre despotismo legal e despotismo arbitrário: o defeito do despotismo, de toda forma de despotismo, é a concentração do poder nas mãos de um só. E a concentração do poder é sempre um mal. Contra o despotismo só há um remédio: o governo misto, que é, afinal, o mesmo que Montesquieu chamara "governo moderado". Na defesa do governo misto, Mably expressa com extrema clareza a ideia recorrente de que o melhor remédio para o abuso de poder seja dividi-lo, isto é, pôr um poder contra o outro de modo que do recíproco controle sejam garantidas a estabilidade do regime e a liberdade do cidadão. Transcrevo passo que resume muito bem este conceito:

> Os contrapesos, em política, são instituídos não para privar o poder legislativo e o executivo da ação que lhes é própria e necessária, mas para não serem seus atos convulsos, irreflexivos, apressados ou precipitados. Criam-se poderes rivais para que as leis tenham poder superior ao dos magistrados e todas as ordens da sociedade tenham protetores com que contar. Forma-se um governo misto para que ninguém se ocupe só dos próprios interesses pessoais e todo membro da sociedade, sendo obrigado a conciliá-los com os interesses pessoais dos outros, opere, apesar de si mesmo, em favor do bem público.

O exemplo dos antigos era a república romana, o dos modernos a monarquia inglesa. E, de fato, o trecho prossegue deste modo:

> Na Inglaterra, por exemplo, o rei não pode outorgar nenhuma lei sem o parlamento, e o parlamento sem o rei: não se conclua daí que os ingleses não têm leis. O rei, os pares e os comuns apenas são obrigados por esta constituição a se avizinharem para que um decreto tenha força de lei. Nenhum destes três membros do corpo legislativo será sacrificado aos outros dois: o governo consolida-se, o costume fortalece-o e a nação tem leis imparciais e igualmente respeitosas da prerrogativa régia, da dignidade dos pares e da liberdade do povo. (Cito da ed. it. dos *Scritti politici*, de Mably, organizada por D. Maffey. Turim: Utet, 1965, v. II, p. 179.)

Não é esta a última vez que deparamos com o governo misto celebrado como a melhor forma de governo. Vamos encontrá-lo outras vezes. Mas, toda vez que o encontramos em nosso caminho, não podemos deixar de refletir sobre a vitalidade de uma ideia, sua adaptabilidade às mais diversas condições históricas, a exigência perene que ela expressa de controle do poder através do poder.

Capítulo XII

Hegel

Disse que em Vico existe prevalentemente uma concepção histórica das formas de governo, em Montesquieu prevalentemente uma concepção geográfico-espacial. Em Hegel – o pensador em que convergem, fundem-se em sistema omnicompreensivo e complexo dois milênios de reflexões filosóficas –, existe uma e outra. Como ainda recentemente se observou (*Storia universale e geografia in Hegel*, organizado por P. Rossi, Florença, Sansoni, 1975), "a afirmação do fundamento geográfico do processo histórico [...] constitui um dos pilares doutrinários da filosofia hegeliana da história" (p. 6). Também por este aspecto a dívida de Hegel com Montesquieu (que, de resto, ele define como "o autor da imortal obra", em texto de 1802) é enorme. Mas o que em Montesquieu é só intuição, em Hegel, na trilha do geógrafo alemão Karl Ritter, autor de uma geografia "em relação com a natureza e a história do homem", publicada em 1817, torna-se verdadeira teoria. Nas *Lições de filosofia da história*, que representam a ultimíssima fase da evolução de seu pensamento, Hegel dedica capítulo introdutório à "base geográfica da história do mundo", no qual explica que a história do mundo passou por três fases, caracterizadas por três diversos tipos de ocupação: o *planalto*, com suas grandes estepes e planícies, que é paisagem típica da Ásia Central, onde nascem as nações nômades (principalmente de pastores); a *planície fluvial*, que caracteriza as terras de Indo, Ganges, Tigre e Eufrates, até o Nilo, onde "o terreno fértil traz consigo, espontaneamente, a passagem para a agricultura"; e, por fim, a *zona costeira*, em que se desenvolvem as aptidões do homem para o comércio e se formam novas regiões de riqueza e, ao mesmo tempo, novas condições de progresso civil. Para dar ideia da linguagem simultaneamente rigorosa e imaginosa de Hegel, leia-se este trecho:

> O mar, em geral, dá origem a um tipo especial de vida. O elemento indeterminado dá-nos a ideia do ilimitado e do infinito, e o homem, sentindo-se neste infinito, daí extrai coragem para superar o limitado. O próprio mar é aquilo que é infinito e não tolera pacíficas delimitações em cidades, como a terra firme. A terra, a planície fluvial fixa o homem ao solo; sua liberdade é, assim, restringida por imenso conjunto de nexos. Mas o mar o conduz além destas limitações. O mar desperta a coragem; incita o homem à conquista e ao apresamento, mas também ao ganho e à aquisição. (*Lezioni di filosofia della storia*. v. I, Florença: La Nuova Italia, 1947, p. 218.)

Como se vê, pastoreio, agricultura e comércio, que representam três fases do desenvolvimento das sociedades humanas, do ponto de vista econômico e, para mencionar Montesquieu, do ponto de vista do "modo de sustentamento", também correspondem a três zonas diversas da terra, quase a confirmar a importância que Montesquieu atribuíra à "natureza do terreno" como elemento determinante da diferenciação social. Além disso, o fato de que três fases da civilização correspondem a três diversas zonas da terra demonstra que a evolução das sociedades humanas não ocorre somente, como se acreditara até então, em momentos sucessivos do tempo e no mesmo espaço (como vimos, o espaço de Vico, salvo aquele ocupado pelos povos selvagens, é essencialmente a Europa), mas ocorre também por meio do deslocamento de área em área; que, em outras palavras, a uma mudança no tempo corresponde também uma mudança no espaço, a qual acontece, como a mudança no tempo, em certa direção. A direção em que ocorre a passagem de uma civilização para outra através do espaço é a que vai do Oriente para o Ocidente, isto é, a que procede na direção do sol. Será lícito deduzir desta ideia de direção espacial da civilização que a civilização, uma vez alcançada a maturidade na Europa, terá sua próxima paragem nos Estados Unidos da América, há pouco libertados da dominação colonial e a caminho de rápido desenvolvimento econômico e demográfico? Hegel não quer fazer profecias, mas em vários lugares afirma que a América é "o país do futuro" ou "aquele para o qual em tempo futuro [...] se dirigirá o interesse da história universal" (*Lezioni*, cit., v. I, p. 233).

A influência de Montesquieu sobre Hegel vai bem além da concepção geográfica do desenvolvimento histórico. Diz respeito à própria tipologia das formas de governo. Há trecho muito significativo neste sentido numa obra do primeiro período, *A constituição da Alemanha*, escrita entre o final do século XVIII e o princípio do século XIX, no qual Hegel lamenta que a Alemanha não seja mais um estado e invoca, maquiavelicamente, o novo Teseu que lhe deverá dar nova unidade. Depois de sustentar que todos os estados monárquicos foram fundados por populações germânicas, porque "nas populações germânicas, originalmente, todo homem livre, pelo fato de que se contava com seu braço, participava, inclusive com sua vontade, da gesta da nação", e era "o povo a eleger o príncipe, assim como a decidir com o voto a paz e a guerra e todos os atos do Todo", acrescenta:

> O sistema da representação é aquele de todos os modernos estados europeus. Não existiu nas selvas da Alemanha, mas delas saiu; marca época na história universal. A continuidade da cultura mundial conduziu o gênero humano, após o *despotismo oriental*, e após a degeneração daquela *república* que dominara o mundo, a esta posição intermediária entre as duas precedentes – e são os alemães o povo do qual nasceu esta terceira, universal figura do espírito do mundo. (La costituzione della Germania. In: *Scritti politici*. Trad. de C. Cesa. Turim: Einaudi, 1972. p. 83.)

Nesta passagem Hegel não está de acordo com Montesquieu em ponto secundário: ao dizer que o sistema da representação "não existiu nas selvas da Alemanha", contradiz afirmação do autor de *O Espírito das Leis*, o qual escrevera:

Quem ler a admirável obra de Tácito sobre os costumes dos germanos verá que é deles que os ingleses tomaram a ideia do governo político. Este belo sistema foi encontrado nos bosques. (v. I, Livro IX, Capítulo VI, ed. cit., p. 291)

Mas a concordância com Montesquieu sobre as três formas de governo e sua sucessão histórica é verdadeiramente surpreendente. Apesar de sua brevidade, o passo citado é claríssimo. Para o jovem Hegel, as formas de governo historicamente relevantes são as mesmas de Montesquieu, isto é, o despotismo (oriental), a república (antiga), a monarquia (moderna).

Se passarmos com um salto de décadas a uma das últimas obras de Hegel, *Lições sobre a filosofia da história*, veremos o quanto Hegel permanece fiel a esta tipologia. Na primeira parte destas lições, de caráter introdutório, há um capítulo dedicado ao conceito de constituição, no qual Hegel explica que a constituição "é a porta pela qual o momento abstrato do estado entra na vida e na realidade" (v. I, p. 138) e que a determinação primeira, que assinala a passagem da ideia abstrata de estado a sua forma concreta e histórica, é "a diferença entre quem governa e quem é governado". Logo depois acrescenta:

E com razão, portanto, as constituições se dividiram universalmente nas classes de monarquia, aristocracia e democracia. Só é preciso observar, em primeiro lugar, que *a própria monarquia deve ser dividida em despotismo e monarquia como tal*. (p. 139, grifo meu)

Não é necessário repetir que a cisão entre os dois conceitos de monarquia e de despotismo, tradicionalmente compreendidos no mesmo *genus*, é um dos traços característicos, se não o mais característico, da tipologia de Montesquieu. Mas existe um passo ainda mais decisivo, que se encontra em edição das *Lições de filosofia da história* anterior àquela traduzida em italiano e que, portanto, traduzo diretamente do alemão:

A história universal é o processo através do qual ocorre a educação do homem desde o desregramento da vontade natural até o universal e a liberdade subjetiva. O Oriente sabia e sabe apenas que um só é livre, o mundo grego e romano que alguns são livres, o mundo germânico sabe que todos são livres. Assim, a primeira forma que vemos na história universal é o *despotismo*, a segunda é a *democracia* e a *aristocracia*, e a terceira é a *monarquia*.

(Este passo, correspondente à p. 273 do v. I da trad. it., é por mim citado a partir da ed. alemã, Reclam, p. 169.)

À parte a interpretação destas formas históricas das constituições, baseada no princípio da liberdade e de sua extensão, que é propriamente hegeliana, a tipologia hegeliana não se distingue da de Montesquieu, desde que se tenha a atenção de juntar na única categoria de república os dois conceitos de democracia e aristocracia, como de resto fizera o autor de *O Espírito das Leis*. Não só a tipologia hegeliana não se distingue da de Montesquieu, mas se assume como esquema geral do processo histórico de modo bem mais exemplar e rígido do que se possa encontrar na obra de Montesquieu. Há trecho ainda mais importante que cito integralmente:

As diferenças entre as constituições dizem respeito à forma em que a totalidade da vida estatal chega a manifestar-se. A primeira forma é aquela em que esta totalidade está ainda tolhida e suas esferas particulares não alcançaram a própria autonomia; a segunda é aquela em que estas esferas, e com elas os indivíduos, tornam-se mais livres; a terceira, por fim, é aquela em que eles têm sua autonomia e em que sua atividade consiste em produzir o universal. *Vemos todos os reinos, toda a história do mundo percorrer estas formas*. Antes de tudo, vemos em todo estado uma espécie de reino, seja patriarcal ou guerreiro. Este primeiro produzir-se de um estado é despótico e instintivo. Mas mesmo na obediência e na violência, no medo de um dominador, já existe um complexo da vontade. Mais tarde manifestam-se a particularidade e a singularidade – na aristocracia e na democracia. Nos indivíduos cristaliza-se uma aristocracia acidental, e esta se transforma em novo reino, em monarquia. O termo, pois, é a submissão da particularidade a *um* poder, o qual deve ser necessariamente tal que, fora dele, as diversas esferas tenham sua autonomia, e este é o poder monárquico. Assim, deve-se distinguir entre um primeiro e um segundo tipo de poder régio. (p. 147)

O trecho é claro: as formas históricas de constituição pelas quais passam todos os estados e a própria história do mundo são três: uma primeira forma de reino patriarcal, que corresponde à categoria do despotismo; uma forma de estado livre, ainda que de liberdade particularista, que é a república em suas duas encarnações históricas de república aristocrática e república democrática; por fim, uma forma de reino não mais patriarcal e despótico, isto é, um reino em que o rei governa numa sociedade já articulada em esferas relativamente autônomas, e é a monarquia (a monarquia precisamente no sentido de Montesquieu, isto é, como a forma de governo em que o poder do rei é compensado pela existência de ordens relativamente independentes que desempenham funções públicas). No entanto, esta passagem não é simples repetição da tipologia de Montesquieu. O que há de novo nesta passagem em relação a toda a tradição precedente e ao próprio Montesquieu é o critério com base no qual se distinguem as três formas. Observe-se bem: não é mais o critério de "quem" e de "como", que ainda fora acolhido por Montesquieu. Trata-se de critério muito mais rico de potencialidades explicativas, porque leva em conta a estrutura da sociedade em seu conjunto. As três formas de governo, de fato, correspondem a três tipos de sociedade: a primeira, a uma sociedade ainda indiferenciada e inarticulada em que as esferas particulares de que se compõe uma sociedade evoluída, e que são as ordens, os estados ou as classes, ainda não emergiram da unidade indistinta inicial (como ocorre na família, que é um todo ainda não composto de partes relativamente autônomas); a segunda, a uma sociedade em que começam a emergir as esferas particulares, sem, no entanto, conseguir ser completamente autônomas em relação à totalidade, e é o momento da unidade desagregada e não recomposta; a terceira, a uma sociedade em que a unidade se recompõe através da articulação das diversas partes, isto é, em que existe ao mesmo tempo unidade e distinção, e, portanto, a unidade é perfeitamente compatível com a liberdade das diversas partes – aliás, só vive e opera através do jogo relativamente autônomo das partes. A este terceiro e último momento de desenvolvimento do estado, a que corresponde historicamente a monarquia moderna (diversa do despotismo antigo), isto é, a monarquia constitucional, pode-se referir este trecho em que Hegel fala das "esferas particulares" num "estado evoluído":

> Num estado evoluído, em que estes aspectos se distinguiram e cumpriram seu desenvolvimento, cada qual segundo as exigências da própria natureza, eles devem articular-se em diversas classes ou estados. [...] Estas esferas dividem-se, por outro lado, em classes especiais, entre as quais os indivíduos se repartem: elas constituem o que é a profissão do indivíduo. As diferenças, que se encontram nestes aspectos, devem efetivamente constituir-se em

esferas particulares, voltadas para ocupações singularmente caracterizadas. Nisso se baseia a diferença entre as classes que se encontram num estado organizado. O estado, de fato, é um todo orgânico, e nele todas estas articulações são necessárias, tal como no organismo. Assim, ele é um todo orgânico, de natureza ética. O que é livre concede a seus momentos construírem-se e, não obstante, o universal conserva a força de manter unidas a si estas determinações. (p. 136-7)

Naturalmente, se a forma de governo é a estrutura política de uma sociedade bem determinada, toda sociedade tem sua própria constituição e não pode ter outra. Uma constituição não é um chapéu que se possa pôr a bel-prazer em qualquer sociedade. O trecho pouco antes citado termina com esta consideração:

> Este é o curso abstrato, *mas necessário*, do desenvolvimento de estados verdadeiramente autônomos, de modo que deve haver nele, sempre, aquela determinada constituição, a qual *não depende de escolha*, mas é tão só aquela que é, *caso a caso, adequada ao espírito do povo*. (p. 147, *grifos meus*)

A estreita dependência da constituição em relação ao "espírito do povo" é uma tese a que Hegel volta muitas vezes mesmo em outras obras (veja-se a *Enciclopédia*, § 540, e também *A constituição da Alemanha*, cit., p. 131). E é a razão pela qual não se cansa de polemizar contra a ilusão iluminista de que uma constituição pronta e acabada possa ser imposta aos povos mais diversos, e considera absurdo perguntar a quem caiba fazer uma constituição porque seria o mesmo que "perguntar quem deve fazer o espírito de um povo" (*Enc.*, § 540). Assim, rechaça toda tentação de ocupar-se da ótima república. Antes, considera toda discussão sobre a ótima forma de governo perda de tempo. Do mesmo capítulo sobre a "constituição" de que tirei as citações precedentes, extraio também esta:

> A pergunta sobre a melhor constituição é muitas vezes posta não só como se a respectiva teoria fosse simples questão de convencimento subjetivo, mas também como se a efetiva adoção de uma constituição melhor, ou daquela considerada ótima, pudesse ser a consequência de resolução assim tomada, de modo inteiramente teórico, como se, em suma, o tipo de constituição só dependesse de livre escolha, determinada pela reflexão. (p. 140)

Há que lembrar o debate entre os três príncipes persas do qual começou nosso curso. Tomando-o como exemplo de discussão ociosa sobre a melhor forma de governo, Hegel dá prosseguimento deste modo ao trecho transcrito:

> Neste sentido inteiramente ingênuo, reuniram-se, se não os persas, os notáveis desse povo. [...] Não havendo nenhum descendente da família real, discutiram sobre a constituição a ser introduzida na Pérsia; e Heródoto, com igual ingenuidade, narra tal discussão e deliberação. (p. 140)

Depois de tudo o que disse até aqui sobre Hegel continuador de Montesquieu, pode suscitar alguma surpresa constatar que, quando Hegel enfrenta sistematicamente, tanto nos últimos parágrafos da *Filosofia do direito* quanto nas *Lições sobre a filosofia da história*, o exame das diversas épocas da história universal, estas épocas não mais são três, e sim quatro, a saber, o mundo oriental, o mundo grego, o mundo romano e o mundo germânico. Para um filósofo sistemático como Hegel, que procede por tríades, esta ruptura do esquema triádico, nada menos no que na partição das épocas da história universal, deve ter sido ato de forçada submissão à evidência das coisas. Logo salta aos olhos que o esquema quadripartido deriva da divisão da idade antiga em mundo grego e mundo romano. Hegel viu-se forçado a esta distinção pela reflexão sobre a época do império, que não pode ser colocada entre parênteses, como se não tivesse existido, e não pode, de modo algum, ser resolvida na categoria da república, democrática ou aristocrática, considerada como forma típica do mundo antigo. Para quem só tinha à disposição a tripartição clássica ou a de Montesquieu, o império só podia ser interpretado como forma de principado, como fez Vico (mas Vico pôde fazê-lo porque interpusera entre o principado do mundo antigo e as monarquias do mundo suas contemporâneas a "barbárie retornada" do Medievo, isto é, fizera terminar com o império romano o primeiro curso da história universal), ou como forma de despotismo, como o fez Montesquieu, para quem o curso histórico não era tão rigidamente predeterminado como para Hegel. Nenhuma das duas interpretações podia valer para Hegel, para quem o movimento histórico era contínuo e, portanto, não cíclico, e ainda por cima cada forma estava tão rigidamente ligada a seu espaço geográfico e a seu tempo histórico que não podia se repetir duas vezes. Eis então a necessidade de romper o esquema triádico e introduzir uma quarta época que não pode ser reduzida a nenhuma das três formas históricas. No momento histórico que chama "mundo romano", Hegel só inclui a época do império. E interpreta este espaço de tempo como grande era de transição entre o fim do mundo antigo e o início do mundo moderno. Como época de transição, a época do império não corresponde a nenhuma das formas históricas de governo, e não corresponde a nenhuma das três formas históricas porque não é propriamente forma estatal. Na análise do mundo imperial da Roma antiga, Hegel destaca todos os aspectos que devem servir para pôr em dúvida sua forma estatal. Sublinho, sobretudo, dois destes aspectos:

a) como domínio que compreende vários povos, o império não tem a determinação característica de todo estado, que é seu elemento popular (ou nacional); segundo a expressão hegeliana, é "universalidade abstrata" (quando, ao contrário, um estado, para ser verdadeiro estado, deve ser o reflexo do espírito de um povo, é uma universalidade concreta). Prova-o o fato de que em Roma se erige um templo a todos os deuses (o Panteão), enquanto todo povo tem seu Deus e sua religião;

b) concedendo a cidadania indistintamente a todos os súditos do império, este domínio universal transforma todos os seus súditos em pessoas jurídicas formalmente iguais, entre as quais só se dão relações de direito privado e, onde só existem relações de direito privado, ainda não existe ou não mais existe estado. Tanto o universalismo abstrato quanto o particularismo individualista são características conflitantes com a realidade concreta e histórica de um estado. Daí esta descrição extremamente crua do império romano que se pode ler em parágrafo da *Filosofia do direito*:

> A dissolução da totalidade encontra seu termo na infelicidade universal e na morte da vida ética, em que as individualidades nacionais morrem na unidade do Panteão, todos os indivíduos se reduzem a pessoas privadas e a iguais com direito formal; a qual, portanto, só um arbítrio abstrato, levado até a monstruosidade, unifica. (§ 357)

Uma vez interpretado o império como longo período de transição entre uma forma estatal e outra, a história universal volta a ser ritmada segundo o ritmo ternário. Como insisti várias vezes na importância histórica da categoria do despotismo, detenho-me unicamente na primeira época, a correspondente ao mundo oriental, que é também para Hegel a idade do despotismo. Procedendo de Oriente para Ocidente, os estados despóticos foram três: o despotismo teocrático da China, a aristocracia teocrática da Índia, a monarquia teocrática da Pérsia. Como se vê, a característica determinante do regime despótico é, para Hegel, a teocracia. O nexo entre despotismo e teocracia se tornara lugar-comum entre os escritores iluministas (recorde-se Boulanger). No parágrafo da *Filosofia do direito* dedicado ao mundo oriental, Hegel escreve:

> Este primeiro mundo é a concepção universal, derivada da totalidade natural patriarcal, em si indivisa, substancial; na qual o governo do mundo é a teocracia, o soberano é também o sumo sacerdote ou Deus, a constituição do estado e a legislação são, ao mesmo tempo, a religião, assim como os preceitos religiosos ou morais, ou melhor, os costumes, são leis do Estado e do direito. (§ 355)

Hegel também chama o mundo oriental de "idade infantil da história": com isso quer dizer que, com a idade do despotismo, o homem faz sua primeira entrada na história (antes do surgimento da primeira forma de estado, ainda não há história, só há pré-história). Mas, mesmo já sendo um mundo histórico, o mundo do despotismo oriental é um mundo que não tem verdadeira evolução histórica, é um reino, como diz Hegel, da "duração constante", isto é, reino sem mudanças substanciais, "história sem história", "história a-histórica", processo "que não é verdadeiro processo", porque todas as mudanças, mesmo incessantes, "não produzem nenhum avanço" (*Lezioni di filosofia della storia*, cit., p. 276). A história como processo real, a história "histórica", só começa quando a história universal transporta-se para o Ocidente. Hegel, pois, em sua caracterização do mundo oriental não se afasta da tradição que sempre contrapôs às civilizações estáticas do Oriente a móvel e progressiva civilização europeia.

Mencionei o estado oriental como a primeira entrada do homem na história. Antes da história, há o homem natural, isto é, o homem que ainda está e permanecerá para sempre fora da história. Para Hegel, este homem natural pré-histórico (o "selvagem" dos escritores iluministas) é o homem africano. Antes de falar do mundo oriental de que começa o curso histórico da humanidade, Hegel dedica algumas páginas à África que hoje pareceriam blasfemas. O negro é "o homem em sua imediação", "em estado bruto", é "o homem natural em total barbárie e desenfreio" etc. Portanto:

> De todos estes traços resulta que o que caracteriza a índole do negro é o desenfreio. Esta sua condição não é suscetível de nenhum desenvolvimento ou educação: sempre foram assim tal como os vemos hoje. Na imensa energia do arbítrio sensível, que os domina, o momento moral não tem nenhum poder preciso. Quem quiser encontrar manifestações espantosas da natureza humana poderá encontrá-las na África. As mais antigas notícias dessa parte do mundo dizem o mesmo: ela, portanto, não tem propriamente uma história. (p. 262)

Mas, como a referência a Montesquieu é constante nestas lições de Hegel, não nos esqueçamos de que o autor de *O Espírito das Leis* havia sido, em relação aos negros, não menos severo (para não dizer cruel). Bastem estas duas frases (quantas reflexões se poderiam fazer sobre os preconceitos dos filósofos, isto é, daqueles que assentam a dignidade de seu saber na ausência de preconceitos!):

> Não podemos nos convencer de que Deus, o qual é um ser muito sábio, tenha posto alma, e sobretudo alma boa, em corpo tão negro. [...] É-nos impossível supor que sejam homens, porque, se os supuséssemos tais, poderíamos começar a crer que nós mesmos não somos cristãos. (XV, 5, cit., v. I, p. 409-10)

Falta falar sobre o uso prescritivo da teoria das formas de governo no pensamento de Hegel, ainda que falar de "uso prescritivo" a propósito da filosofia política de Hegel seja extremamente impróprio. Como se disse há pouco, Hegel recusa-se a colocar o problema da melhor forma de governo. A tarefa que se propõe escrevendo uma teoria do direito e do estado, como se mostra no conhecidíssimo prefácio dos *Princípios da Filosofia do Direito*, é "entender o que é a razão":

> Assim, pois, este tratado, à medida que contém a ciência do estado, não deve ser nada além da tentativa de entender e apresentar o estado como racional em si. Como escrito filosófico, deve restar muito distante de construir um estado como deve ser; o ensinamento que nele se pode encontrar não pode chegar a ensinar ao estado como deve ser, mas, antes, de que modo deve ser reconhecido como universo ético. (Ed. Laterza, 1954, p. 16)

Isso não exclui que ele seja defensor de determinada forma de governo, que é a monarquia constitucional. Mas, se revela em várias ocasiões sua preferência pela monarquia constitucional, não é porque esta seja em abstrato a melhor forma de governo, mas porque é a forma de governo que corresponde melhor ao "espírito do tempo". Só neste sentido muito restrito pode-se falar, para Hegel, de uso prescritivo da teoria das formas de governo. Na realidade, Hegel não pretende prescrever nada; só pretende constatar qual seja a fase de desenvolvimento a que chegou a história universal, ou, para dizê-lo com suas próprias palavras, "entender o que é".

Sigamos passo a passo a evolução do pensamento de Hegel neste tema. A primeira obra em que se detém com particular atenção nas formas de governo é a *Propedêutica filosófica* (em que se recolhem as lições elementares dadas por Hegel no liceu de Nuremberg, em 1812, e que pode ser considerada a primeira tentativa, ainda muito imperfeita, de sistematização total da matéria que constituirá o objeto da obra maior, *Princípios da Filosofia do Direito*, 1821). Hegel vale-se nestas lições, literalmente, da tradição antiga, distinguindo as seis formas de governo, três boas e três más, na terminologia polibiana, nesta ordem: democracia, oclocracia, aristocracia, oligarquia, monarquia, despotismo (deve-se observar que o termo "despotismo" já substituiu a tradicional "tirania"). A propósito da monarquia, diz:

> O monarca não tem condição de exercer diretamente todo o poder de governo e confere, em parte, o exercício dos poderes particulares a assembleias ou corporações públicas, que, em nome do rei e sob seu controle e sua direção, exercem segundo as leis o poder conferido. Numa monarquia, a liberdade civil é mais bem protegida do que em qualquer outra constituição. (*Primeiro curso*, § 28)

A característica da monarquia mostra-se ainda mais claramente na comparação com sua degeneração, o despotismo, o qual é definido como a forma de governo em que o governante exerce *diretamente* o poder de modo arbitrário e em que os direitos dos indivíduos não são garantidos. Ao contrário, a monarquia é a forma de governo em que o rei exerce o poder indiretamente através dos chamados "corpos intermediários" e em que, como consequência – aqui aparece a conotação positiva –, "a liberdade civil é mais bem protegida do que em qualquer outra constituição".

Na obra sucessiva, a chamada *Enciclopédia de Heidelberg* (que é de 1817), Hegel não fala das formas de governo, mas em nota do ano seguinte, só recentemente publicada, encontra-se observação extremamente preciosa (como comentário aos §§ 437-9):

> Monarquia constitucional única constituição racional / Constituição (a) em grandes estados (b) onde o sistema da sociedade civil já se desenvolveu / Democracia em pequenos estados.

Nestas poucas linhas existem algumas coisas muito importantes a observar: em primeiro lugar, a expressão "monarquia constitucional" seguida de juízo positivo; em segundo lugar, a afirmação de que a superioridade da monarquia constitucional não é absoluta, mas relativa, e é relativa a duas condições: a) é a forma mais adaptada aos grandes estados (enquanto aos pequenos estados mais se adapta a democracia); b) é a forma de governo que melhor se adapta aos povos em que já está desenvolvido o sistema da sociedade civil. Sobre a primeira condição não há nada de novo a dizer: a ideia de que a república fosse um governo só possível nos pequenos estados fora de Montesquieu e, depois de Montesquieu, de Rousseau (e era, de resto, uma ideia transmitida). A única observação pertinente (ou impertinente) é que, no tempo de Hegel, já surgira uma república num grande estado, ou melhor, num estado que se tornaria muito maior do que as velhas monarquias europeias: refiro-me aos Estados Unidos da América (mas Hegel, como se sabe, considerava-os como estado ainda em formação, como "sociedade civil" ainda sem atingir a perfeição do estado). Uma terceira observação diz respeito à expressão "sociedade civil", que talvez seja usada aqui pela primeira vez no sentido específico que terá na obra principal, em que o momento da eticidade (que se segue, na esfera do Espírito Objetivo, ao do direito e ao da moralidade) divide-se nos três momentos parciais de família, *sociedade civil* e estado; vale dizer, no sentido de esfera intermediária entre a família e o estado, em que a partir da dissolução da família estão a se formar as classes sociais, precisamente as classes cuja existência constitui, como vimos, a característica própria do estado moderno distinto do despotismo antigo. Em suma, embora com rápida anotação, Hegel quer dizer que, onde a sociedade está a se articular, dividindo-se em classes, é necessária uma constituição diversa daquela que bastava em sociedades mais simples, isto é, em sociedades nas quais ainda não ocorre a distinção entre a esfera do público e a do privado – em outras palavras, é necessária a forma de governo monárquica, no sentido específico que esta forma de governo adquire em Montesquieu, isto é, no sentido de governo do rei, não direto, mas mediado pela presença ativa dos corpos intermediários.

A ideia da monarquia constitucional constitui um dos temas centrais dos *Princípios da Filosofia do Direito*. Quando Hegel enfrenta o problema do estado, depois de expor as próprias ideias sobre a família e a sociedade civil, o estado de que fala é a monarquia constitucional, a constituição estatal que apresenta como a constituição por excelência do estado moderno é a constituição da monarquia constitucional. No § 273, Hegel, depois de distinguir os três poderes do estado em poder legislativo, poder de governo e poder do príncipe ou do soberano, conclui dizendo que o estado assim composto e articulado é a "monarquia constitucional". Logo após, na nota que segue, precisa que "o aperfeiçoamento do estado da monarquia constitucional é a obra do mundo moderno", confirmando o conceito fundamental da ordem histórica em que as várias formas de governo se sucedem, bem como a ideia (que é também ideal político) da forma de governo monárquica como a forma última a que chegou a história universal e, portanto, como a forma "boa" para o próprio tempo, a forma que não poderia dar lugar, no tempo em que ele vive, a outra melhor. Nesta mesma anotação, Hegel coteja a forma de governo "monarquia constitucional" com as formas de governo tradicionais (que já havia considerado, como se viu, na *Propedêutica filosófica*) e faz a seguinte observação:

> A antiga divisão das constituições em monarquia, aristocracia e democracia tem como base a unidade substancial ainda indivisa, que ainda não chegou a sua distinção interna (e a uma desenvolvida organização em si) e, portanto, à profundidade e à racionalidade concreta.

Desta contraposição entre monarquia constitucional e formas clássicas resulta mais uma vez que o critério fundamental com base no qual Hegel distingue as várias constituições é o da maior ou menor complexidade da sociedade subjacente. As formas clássicas são adaptadas a sociedades simples; só a monarquia constitucional, que é, de resto, a monarquia entendida no sentido em que Montesquieu a descreve para contrapô-la ao despotismo, é a forma adaptada a sociedades complexas, isto é, às sociedades em que os círculos particulares que constituem a "sociedade civil" são relativamente independentes em relação ao sistema estatal. E prossegue:

> Estas formas [refere-se às formas simples, isto é, às três formas clássicas], que deste modo pertencem a diversas totalidades, *são reduzidas a momentos da monarquia constitucional*: o monarca é uno; com o poder governativo intervêm poucos; com o poder legislativo apresenta-se a multidão em geral.

Estas linhas merecem comentário. O que representa, de fato, a afirmação de que as três formas simples são "reduzidas" a momentos da monarquia constitucional senão uma enésima aparição da velha ideia do governo misto? Não há dúvida de que o modo pelo qual Hegel apresenta neste breve passo a monarquia constitucional termina por fazê-la surgir como reencarnação ou, se quisermos, como a forma moderna do governo misto entendido em sua essência de governo resultante da combinação das três formas simples. Tantas vezes já sublinhei a extraordinária vitalidade e a excepcional fortuna da teoria do governo misto, que não preciso insistir nesta sua nova aparição. Mas não se deve crer que Hegel queira, com estas palavras, identificar a monarquia constitucional com o governo misto (identificação, de resto, que nem Montesquieu fizera). De fato, logo após acrescenta:

> Mas tais diferenças [isto é, as diferenças entre um, poucos e muitos], simplesmente quantitativas, são, como se disse, apenas superficiais e não indicam o conceito da coisa.

Com isso, pretende dizer que o traço distintivo da monarquia constitucional não reside no fato de que governem, nos diversos níveis, um, poucos e muitos, mas no fato bem mais substancial de que os poderes fundamentais do estado estão divididos e são exercidos por órgãos diversos. Várias vezes chamei a atenção sobre a diferença, que se acentua historicamente com a formação do estado moderno, entre teoria do governo misto e teoria da divisão dos poderes: em Hegel, esta distinção chega a plena consciência uma vez que o passo citado quer demonstrar o quanto seja insuficiente, superficial, extrínseca a identificação da monarquia constitucional, que é a monarquia de poderes divididos, com o governo misto, isto é, o governo entendido como combinação das formas simples, como aproximação extrínseca do governo de um, do governo de poucos e do governo de muitos.

Apêndice
A monarquia constitucional: Hegel e Montesquieu

Michelangelo Bovero

O tema da monarquia constitucional merece algumas considerações adicionais, que nos permitam precisar melhor a natureza da relação entre Hegel e Montesquieu no duplo aspecto da continuidade e das diferenças na continuidade, uma e outras, de resto, sublinhadas de modo explícito pelo próprio Hegel.

A constituição monárquica que Hegel descreve nos *Princípios da Filosofia do Direito* como constituição "conforme a razão" mostra-se muito mais articulada e complexa do que a monarquia como era descrita na tipologia clássica das formas de governo. Do mesmo modo, a monarquia que Montesquieu apresenta como forma de governo entre todas "excelente" é uma constituição complexa, e justamente nesta complexidade consiste seu traço distintivo em relação às outras formas de governo. Montesquieu considera que a monarquia "moderada" seja o tipo de regime político adequado às grandes nações da Europa moderna; da mesma forma, segundo Hegel, pondo-se do ponto de vista da modernidade, a monarquia tradicional e as outras formas da tipologia clássica podem ser consideradas "indiferentes", porque já inefetivas, isto é, não conformes ao desenvolvimento da história e da sociedade, não mais à altura do tempo. Trata-se, com efeito, de constituições "simples", que se referem, todas, à "unidade indiferenciada" como estrutura da vida coletiva da era antiga, quando, ao contrário, a era moderna conhece as diferenças e a articulação na vida coletiva e, portanto, em certo sentido, requer uma constituição articulada tal como a monarquia constitucional. A inovação da concepção hegeliana em relação à de Montesquieu está no modo diverso de considerar a sociedade moderna e suas articulações. Segundo Hegel, de fato, a vida social se diferenciou numa multiplicidade de aspectos e níveis particulares, mas sobretudo "se duplicou", por assim dizer, em duas esferas distintas com características opostas: a sociedade civil e o estado. Isso significa que da unidade substancial indivisa da comunidade pré-moderna não só se emancipou o princípio da particularidade e da subjetividade, mas tal princípio se tornou o fundamento de novo, moderno aspecto ou dimensão da sociabilidade, precisamente a sociedade civil, esfera da vida coletiva *privada*, que funciona com base nos interesses particulares dos indivíduos e constitui-se como "sistema" autônomo mediante sua objetiva dependência recíproca. Este sistema, como tal, é uma esfera distinta da sociabilidade (da vida coletiva) em relação ao estado. É na sociedade civil, lugar da atividade econômica, da reprodução social e de sua regulação jurídico-administrativa, que os indivíduos distinguem-se em grupos ou "massas particulares", isto é, que se desenvolve a divisão em posições ou condições sociais (estados, ordens ou camadas) diferentes e desiguais. Esquematicamente, pode-se dizer que para Hegel a vida coletiva moderna se diferenciou em duas esferas: uma esfera, a sociedade civil, é a das diferenças sociais, e a outra esfera, o estado, é a da unidade política na qual as diferenças sociais se articulam e recompõem. Assim, em primeira aproximação podemos afirmar que a monarquia constitucional como constituição *articulada* corresponde à sociedade moderna como sociedade *diferenciada*, e que a divisão dos poderes nos quais se articula a constituição moderna impõe-se a partir do momento em que a unidade simples da comunidade antiga se rompe e uma nova unidade só se pode recompor com base nas diferenças sociais e, portanto, como unidade complexa.

Também para Montesquieu, a monarquia com "leis fundamentais" é a forma de governo adequada aos estados modernos porque se baseia numa sociedade diferenciada e porque representa a unificação das diferenças. Examinemos a relação união-diferenças em Montesquieu, relendo dois trechos que se referem, o primeiro ao corpo político em geral, o segundo especificamente à monarquia:

> O que se chama união num corpo político é coisa muito equívoca: a verdadeira unidade é uma união harmônica que faz com que todas as partes, por mais opostas que possam parecer, concorram ao bem geral da sociedade, tal como as dissonâncias na música concorrem para o acordo total. Pode haver união num estado onde só se acredita ver desordem. (*Considérations sur les causes de la grandeur des Romains et de leur décadence*, Capítulo IX)

> O governo monárquico pressupõe a existência de ordens, preeminências e até nobreza originária. A honra, por sua natureza, reclama distinções e preferências. [...] A honra movimenta todas as partes do corpo político, liga-as mediante sua própria ação, e eis que cada qual se dirige para o bem comum, acreditando dirigir-se para os próprios interesses particulares. (*O Espírito das Leis*, III, 7)

Observamos que: 1) o referente social do discurso de Montesquieu, em seus traços formais e na lógica de seu funcionamento (cada qual, perseguindo o próprio interesse, realiza o interesse comum), é análogo à sociedade civil de Hegel; 2) mas ele não é pensado como sociedade civil no sentido hegeliano de esfera distinta do estado, mas sim em termos imediatamente políticos, razão pela qual as diferenças aparecem aqui como diferenças próprias do corpo político; 3) é diferenciado de modo diverso em relação à sociedade civil de Hegel.

Vejamos este último ponto, que decorre diretamente dos precedentes. A monarquia de Montesquieu tem um fundamento que apresenta dois aspectos reciprocamente condicionantes, um objetivo, as desigualdades, outro subjetivo, a honra. A divisão em camadas ou ordens é claramente uma divisão por linhas horizontais, e as diferenças que daí resultam são preordenadas à atividade social e, antes, determinam-na, são imediatamente diferenças políticas: daí os privilégios e o princípio da honra. Na sociedade civil de Hegel, a divisão em classes é, antes de tudo, econômico-social e é divisão por linhas verticais, no sentido de que cada uma das classes é, no âmbito da reprodução social, funcional à outra e ao todo, e por isso as classes estão, em princípio, todas no mesmo plano; as diferenças sociais que daí resultam consistem, em primeiro lugar, simplesmente na particularidade da atividade de cada qual em relação aos outros, mas logo também na "desigualdade das fortunas", que é o resultado "de fato" e inevitável da atividade social e da própria divisão econômica "funcional". Mas precisamente por isso a desigualdade não é pré-constituída e nada tem a ver com os privilégios *ancien régime*. De fato, a abolição dos privilégios é, para Hegel, conquista positiva da Revolução Francesa (cf. *Realphilosophie*, II, trad. it., p. 201-2 n.). Observando-se bem, um resíduo do princípio de honra ainda sobrevive na visão hegeliana: refiro-me à "dignidade de classe" que Hegel atribui aos membros das corporações. De todo modo, a dignidade de classe, como expressão imediata do princípio da particularidade, tem sua validade efetiva no âmbito da sociedade civil, não no âmbito do estado. O móvel do agir político é, para Hegel, o *dever* voltado para o universal e não o interesse ligado à posição social particular de cada qual. Poder-se-ia dizer que, em Hegel, o dever substitui a honra como "mola" (princípio no sentido específico de Montesquieu) do estado moderno sob forma monárquico-constitucional. Neste conjunto de diferenças baseia-se a interpretação que Hegel faz da monarquia de Montesquieu como forma de governo ligada a institutos pré-modernos:

> O fato de Montesquieu reconhecer a honra como princípio da monarquia já por si decorre disso: que ele considera não a constituição patriarcal ou antiga em geral nem a que se desenvolve até a constituição objetiva, mas a *monarquia feudal*, isto é, aquela em que as relações de direito estatal interno se concretizam em privilégios de indivíduos e corporações. Como nesta constituição a vida do estado apoia-se em personalidade privilegiada, de cujos caprichos depende grande parte do que deve ser feito para a existência do estado, a objetividade destes serviços não está posta nos deveres, mas na representação e na opinião; por isso, em lugar do dever, só a honra mantém unido o estado. (*Princípios da Filosofia do Direito*, § 273)

Os membros do estado descrito por Hegel não agem com base no privilégio nem, em geral, com base num princípio particular, como acontece na sociedade civil, mas sim com base no dever, e o dever para os indivíduos é o de "conduzir uma vida universal": nisso também está sua verdadeira liberdade. Em outras palavras, a liberdade para Hegel consiste em obedecer às leis, porque deste modo os indivíduos desempenham conscientemente sua tarefa na e para a coletividade. Na visão de Hegel, o estado é, em geral, o reino da liberdade, porque nele cada qual, cumprindo o próprio dever, é consciente do fim que persegue e que as leis prescrevem, o qual consiste no bem coletivo; enquanto a sociedade civil é o reino da necessidade, porque o escopo coletivo, que nela é a subsistência material e o bem-estar de todos, é conseguido sem intenção consciente por parte dos sujeitos, os quais na vida privada (isto é, como membros da sociedade civil) perseguem, cada qual, os próprios fins individuais.

Bem diversa, lembre-se, é a liberdade de que fala Montesquieu. Em geral, ela pode definir-se liberdade "negativa", por ser liberdade contra opressão e abusos; mas, se tentarmos traduzir positivamente este conceito, relacionando-o à estrutura hierarquizada do estado monárquico descrito por Montesquieu, ver-se-á claramente como a liberdade "de fazer o que as leis permitem" consiste, em realidade, na possibilidade de agir com base nas prerrogativas do próprio estrato, asseguradas e garantidas pela lei. Em outras palavras, condição de liberdade na monarquia de Montesquieu é que o privilégio esteja assegurado. Nesta perspectiva deve ser visto o tema recorrente do perigo para a monarquia moderada de uma queda no despotismo, sob o qual Montesquieu esconde sua aversão ao absolutismo. Nesta mesma perspectiva, portanto, deve ser apreendido o sentido da teoria da separação dos poderes como instrumento de defesa da liberdade contra os abusos. Embora a interpretação deste aspecto do pensamento de Montesquieu apresente não poucas dificuldades, não há dúvida de que a separação dos poderes seja concebida como sistema de "freios" para alcançar um "equilíbrio": o escopo deste sistema é impedir que qualquer poder (mas especialmente o rei) se torne tão forte (atribuindo-se as diversas funções do estado) que esvazie prerrogativas e privilégios de todos os outros (mas especialmente da nobreza). Hegel, apesar de aceitar o princípio da divisão dos poderes e sua finalidade voltada para a liberdade pública, com fundamento em seu conceito diverso de liberdade critica duramente aquele modo de conceber a divisão dos poderes:

[...] a divisão necessária dos poderes de estado [...], legitimamente, isto é, se fosse considerada em seu verdadeiro significado, poderia ser considerada a garantia da liberdade pública [...], mas, tal como a concebe o intelecto abstrato, nela se encontra, em parte, a falsa determinação da autonomia absoluta dos poderes, um em face do outro, e, em parte, a unilateralidade que entende sua relação recíproca como negatividade, como mútua limitação. Deste ponto de vista, tal princípio [da divisão dos poderes] torna-se hostilidade, temor diante de cada um dos poderes [...], com a determinação de a ele se opor e de efetivar, com este contrapeso, um equilíbrio geral, mas não uma unidade viva. (*Princípios da Filosofia do Direito*, § 272)

Ao reafirmar o princípio da unidade do estado, Hegel dirige contra a autonomia absoluta (isto é, a separação) dos poderes argumentos de nítido sabor hobbesiano:

Com a autonomia dos poderes [...], coloca-se imediatamente, como se viu também em ampla escala, a desordem do estado ou, à medida que o estado se conserve essencialmente, a luta em que um poder submete a si o outro; razão pela qual ela produz, antes de tudo, a unidade, seja como for qualificada, e assim salva unicamente o essencial: a existência do estado. (*Ibidem*)

No modelo hegeliano, o princípio da divisão dos poderes assume significado novo: ele não representa artifício imaginado para prevenir o perigo dos abusos de poder, não é algo mecânico ou instrumental, mas algo orgânico; antes, é o princípio de organização do corpo político, mediante o qual cada esfera particular é reconduzida ao universal. Em suma, a divisão dos poderes, em que consiste o caráter constitucional do estado, é para Hegel a forma racional da unidade política na diferenciação própria da vida social moderna.

Deve-se observar ainda que os poderes compreendidos na constituição descrita por Hegel não correspondem perfeitamente aos examinados por Montesquieu. De fato, Hegel distingue: poder do príncipe, poder do governo, poder legislativo. O poder judiciário está ausente desta divisão porque é interpretado por Hegel não como verdadeiro poder constitucional, mas como atividade administrativa diretamente funcional antes à ordem civil do que à ordem política. Portanto, a administração da justiça é colocada por Hegel no plano da sociedade civil. O poder do príncipe (ou do monarca, ou do soberano) representa, ao contrário, acréscimo em relação ao paradigma dos poderes de Montesquieu, o qual atribui tendencialmente ao monarca o poder executivo e não um poder ulterior e específico. O monarca na constituição de Hegel é aquele no qual todos os negócios e poderes particulares do estado encontram sua definitiva unidade: representa o momento da decisão ou da resolução sobre todas as coisas, o momento da "pura vontade sem outro acréscimo". No modelo hegeliano, a figura do monarca, pois, expressa a pura e simples unidade do Estado, uma vez que esta unidade, para não ser só alegórica, deve concretizar-se na vontade de uma pessoa física individual.

Mas o modelo constitucional hegeliano não teve fortuna. Embora Hegel tenha apreendido corretamente o caráter sob muitos aspectos atrasado da construção de Montesquieu, foi esta última, como se sabe, e não a hegeliana, a ter maior influência na história das ideias e na história real moderna.

Capítulo XIII
Marx

Existe uma teoria das formas de governo no pensamento político de Marx? Uma pergunta desse tipo certamente não é habitual entre os inúmeros estudiosos que se ocuparam do pensamento político de Marx, os quais manifestaram quase sempre tendência antes a acentuar a teoria geral do estado marxiana do que a analisar seus aspectos particulares à luz da tradição do pensamento político presente. No entanto, acredito que dar uma resposta a esta pergunta tenha certo interesse até para fins de compreensão geral da teoria política marxiana e de ponderação sobre sua validade atual.

Sirvo-me, como de costume, da distinção entre uso descritivo, histórico e prescritivo da tipologia. Começo pelo uso descritivo. Em nenhum lugar de sua imensa obra surge qualquer interesse de Marx pelo problema, que, no entanto, vimos até agora sempre presente nos escritores políticos de Platão a Hegel, da tipologia das formas de governo. Desta lacuna se pode aduzir uma razão extrínseca no fato de que Marx, malgrado tenha se proposto em seus primeiros anos escrever também "uma crítica da política" e tenha demonstrado interesse pela teoria política, comentando alguns parágrafos sobre o estado da *Filosofia do Direito* de Hegel (trata-se do texto juvenil, *Crítica da Filosofia do Direito Público de Hegel*, escrito em 1843 e publicado pela primeira vez só em 1927), não escreveu nenhuma obra dedicada expressamente ao problema do estado, tanto que a teoria política marxiana deve ser deduzida de passagens, geralmente breves, extraídas de obras de economia, história, política, cartas etc. A única obra geral sobre o estado é a de Engels, *As origens da família, da propriedade e do Estado* (1884), ainda que o problema nela tratado seja muito mais o da formação histórica do estado do que o da organização do poder político, que é o problema central da teoria política clássica. A meu ver, porém, uma razão intrínseca do escasso interesse de Marx (e do próprio Engels, apesar de ter escrito toda uma obra sobre o estado) pela tipologia das formas de governo está em sua característica concepção negativa do estado. Disse no capítulo V o que entendo por concepção negativa do estado. Aqui preciso que a concepção negativa do estado em Marx é ainda mais evidente se comparada com aquela extremamente positiva de seu grande predecessor e antagonista, Hegel. Quanto à relação entre sociedade civil e estado, a posição de Marx é antitética à de Hegel: para Hegel, o estado é "racional em si e para si", o "deus-terreno", o sujeito da história universal; em suma, o momento final do Espírito Objetivo; como tal, é a superação das contradições que se manifestam na sociedade civil. Para Marx, ao contrário, o estado é tão só o reflexo destas contradições, não sua superação, mas sua perpetuação. Não só para Hegel, de resto, mas para a maior parte dos filósofos clássicos, o estado representa um momento positivo na formação do homem civil. O fim do estado é ora a justiça (Platão), ora o bem comum (Aristóteles), ora a felicidade dos súditos (Leibniz), ora a liberdade (Kant), ora a máxima expressão do *ethos* de um povo (Hegel). O estado, de praxe, é considerado como a saída do homem do estado de barbárie ou do estado de natureza caracterizado pela guerra de todos contra todos, como o domínio da razão sobre a paixão, da reflexão sobre o instinto. Grande parte da filosofia política é uma glorificação do estado. Marx, ao contrário, considera o estado como puro e simples *instrumento* de domínio, tem uma concepção que chamo *técnica* do estado, para contrapô-la à prevalente concepção ética dos escritores precedentes, cujo máximo representante é certamente o teórico do "estado ético". Muito brevemente, os dois elementos principais desta concepção negativa do estado em Marx são: a) a concepção do estado como pura e simples superestrutura que reflete o estado das relações sociais determinadas pela base econômica; b) a identificação do estado com o aparelho ou os aparelhos de que a classe dominante se serve para manter o próprio domínio, razão pela qual o fim do estado não é um fim nobre, como a justiça, a liberdade ou o bem-estar etc., mas é pura e simplesmente o interesse específico de uma parte da sociedade, não é o bem comum, mas o bem particular da classe dominante, isto é, precisamente aquele bem particular de quem governa, que, como vimos, sempre faz considerar um estado que seja sua expressão como forma corrompida de governo. Com relação ao primeiro ponto, limito-me a estas citações:

> A vida material dos indivíduos, que não depende em absoluto de sua pura vontade, seu modo de produção e a forma de relações que se condicionam reciprocamente são *a base real do estado* e continuam a sê-lo em todos os estágios nos quais são ainda necessárias a divisão do trabalho e a propriedade privada. [...] Estas relações reais não são de modo algum criadas pelo poder do estado; são, antes, o poder que o cria. (*Ideologia tedesca*. Roma: Riuniti, 1958. p. 324.)

Na obra seguinte, publicada em 1845, *A sagrada família*, em polêmica com Bruno Bauer Marx escreve:

> Só a *superstição política* imagina ainda hoje que a vida civil deva ser aglutinada pelo estado, quando, ao contrário, na realidade é o estado a ser aglutinado pela vida civil. (*La sacra famiglia*. Roma: Riuniti, p. 131.)

Está claro que aqui Marx entende por "superstição política" toda concepção que, sobrevalorizando o estado, termina por transformá-lo em "deus-terreno", a quem devemos também sacrificar a vida em nome do interesse coletivo, que o estado, só ele, enganosamente representa. Tomando esta expressão em seu significado pleno, poder-se-ia dizer que a teoria do estado de Marx representa o fim da superstição política (embora não se deva esquecer Maquiavel, para quem o estado era, como para Marx, pura e simplesmente instrumento de poder). Ainda uma citação, a mais conhecida:

O conjunto destas relações de produção constitui a estrutura econômica da sociedade, ou seja, a base real sobre a qual se ergue uma superestrutura jurídica e política e à qual correspondem formas determinadas de consciência social. (*Per la critica della economia politica*. "Prefazione". Roma: Riuniti, p. 11.)

Com relação ao segundo ponto, basta o famoso trecho do *Manifesto do Partido Comunista** (1848):

> Em sentido próprio, o poder político é o poder de uma classe organizado para oprimir outra. (Capítulo II)

Numa concepção negativa do estado, o problema das diferenciações das formas de governo e, sobretudo, a distinção entre formas boas e formas más perdem grande parte de sua importância, como já destaquei no capítulo V. Numa concepção negativa do estado, o estado, seja qual for a forma de governo, é sempre mau. O que conta para Marx e também para Engels (e não menos para Lenin) é a relação real de domínio, que é a relação entre a classe dominante e a classe dominada, qualquer que seja a forma institucional de que esta relação se revista. A forma institucional, seja qual for, não muda substancialmente a realidade da relação de domínio que deita suas raízes na base real da sociedade, isto é, nas relações de produção. Do ponto de vista das relações reais de domínio, não das aparentes (como estabelecidas nas constituições formais ou, de todo modo, nas estruturas institucionais), todo estado é uma forma de despotismo. Para dar um exemplo, veja-se este passo que se pode ler numa das obras marxianas mais ricas de sugestões de teoria política:

> A derrota dos insurgentes de junho havia preparado e desimpedido o terreno em que podia ser fundada e estabelecida a república burguesa; ao mesmo tempo, porém, mostrara que se colocavam na Europa problemas bem diferentes daqueles de república ou monarquia: havia revelado que república burguesa significa *despotismo absoluto de uma classe sobre as outras classes*. (*O 18 Brumário de Luís Bonaparte*, Capítulo I.)

Depois do que disse sobre o "despotismo" como categoria histórica, esta identificação do conceito de "república" com o de "despotismo" soa estranha. Mas não é absolutamente estranha caso se considere que, neste

---

*.   Obra publicada em *Clássicos Edipro*. (N.E.)

contexto, "república" indica a forma de governo, que como tal é pura e simplesmente a roupagem exterior, e "despotismo" está a indicar a natureza da relação real de domínio, que se serve da forma institucional mais adequada para se fazer valer. Pode-se observar que, precisamente no escrito de que extraí a citação, Marx identifica uma verdadeira forma de governo distinta do estado representativo, isto é, o chamado "bonapartismo". Esta observação, que é importante e deve permanecer bem presente, não chega ao ponto de permitir demonstrar ser errônea a tese da irrelevância das formas de governo. O que é o "bonapartismo"? Em passagem escrita alguns anos mais tarde, Engels, depois de reafirmar a tese segundo a qual o estado é o estado da classe mais poderosa, acrescenta que em tempos excepcionais o poder estatal pode assumir o papel de mediador entre as classes e adquirir certa "autonomia" diante de ambas, e entre os exemplos coloca "o bonapartismo do primeiro e especialmente do segundo império, que se valeu do proletariado contra a burguesia e da burguesia contra o proletariado" (*L'origine della famiglia, della proprietà e dello stato*. Roma: Rinascita, 1950, p. 172). O que Engels diz neste passo sobre o bonapartismo faz pensar no modo como fora interpretada várias vezes no passado a figura do tirano clássico, considerado, precisamente, como aquele que toma o poder em momento de graves conflitos sociais e se põe como árbitro acima das partes em luta. Na realidade, se se lê atentamente o ensaio de Marx sobre o golpe de estado que levou ao poder Luís Napoleão (2 de dezembro de 1851), fica bastante difícil ver na figura do sobrinho de Napoleão um árbitro acima das partes. Também o ditador é instrumento da classe dominante, a qual, no momento do perigo, renuncia ao próprio poder direto e põe-se nas mãos do salvador (a figura do bonapartismo foi evocada frequentemente nas interpretações do fascismo). Parece-me decisivo este passo:

> Tachando, pois, de heresia socialista o que antes exaltara como liberal, a burguesia confessa que seu próprio interesse lhe impõe subtrair-se ao perigo do autogoverno; que, para manter a calma no país, deve antes de tudo ser reduzido à calma seu parlamento burguês; que, para manter intacto seu poder social, deve ser quebrado seu poder político; que cada burguês só pode continuar a explorar as outras classes e a gozar tranquilamente da

propriedade, da família, da religião e da ordem, com a condição de que sua classe seja condenada a zero político; que, para salvar a própria bolsa, deve perder a própria coroa. (Capítulo IV)

Com a ascensão ao poder do ditador, portanto, a burguesia renuncia ao poder político, mas não renuncia ao poder econômico; dir-se-ia, antes, que em certos momentos de graves tensões sociais o único meio que tem a classe dominante para manter o próprio poder econômico seja o de renunciar momentaneamente, isto é, até que a ordem seja restabelecida, ao próprio poder político direto. Mais do que nova forma de governo, o bonapartismo é uma inversão de papéis no âmbito do mesmo estado burguês. Com efeito, Marx diz que a novidade do governo bonapartista consiste no fato de que o poder executivo sobrepuja o poder legislativo (o que aconteceu, por exemplo, na Itália com o advento do fascismo, que desautorizou o parlamento para exaltar o poder do governo e, em particular, do chefe de governo). Enquanto no estado representativo o centro do poder estatal é o parlamento, de que depende o poder executivo, no estado bonapartista o poder executivo marginaliza o poder legislativo e apoia-se no "espantoso corpo parasitário" da burocracia. Todavia, esta inversão de papéis nada muda na natureza do estado, que é sempre estado de classe e é sempre, na qualidade de estado, o portador de um poder despótico. Para confirmar a escassa relevância das formas de governo na teoria do estado de Marx, parece-me que não se possa aduzir frase mais eloquente do que esta:

A França, portanto, parece ter escapado do despotismo de uma classe só para cair sob o despotismo de um indivíduo. (Capítulo VII)

Muda o titular do poder político, o que não muda é a natureza despótica do estado. O estado, qualquer estado, é por sua natureza, como estado, despótico. Mudando a forma de governo, muda o modo pelo qual se exerce o poder, não a substância do poder. Em suma, a categoria do despotismo, que até agora sempre caracterizou um tipo de estado e, geralmente (salvo na acepção acolhida pelos fisiocratas), um tipo negativo de estado, adquire na linguagem de Marx significado geral e serve para indicar a essência mesma do estado.

Na linguagem marxista, porém, o termo que teve maior fortuna para indicar o domínio de uma classe sobre outra não é tanto "despotismo", que vimos Marx usar nos trechos citados, quanto "ditadura". Tornaram-se de uso comum na teoria política marxista para designar, respectivamente, o estado burguês e o estado proletário, as expressões "ditadura da burguesia" e "ditadura do proletariado". Parece que Marx usou pela primeira vez a expressão "ditadura do proletariado" na carta a Joseph Weydemeyer de 5 de março de 1852, na qual reivindica para si o mérito de ter demonstrado que:

    1. a existência das classes só está ligada a determinadas fases de desenvolvimento histórico da produção; 2. a luta de classes necessariamente conduz à *ditadura do proletariado*; 3. esta ditadura constitui apenas a passagem rumo à supressão de todas as classes e a uma sociedade sem classes.

Esta carta foi acolhida por Lenin em *Estado e revolução* (1917) como um dos documentos mais significativos da teoria marxiana do estado e comentada com estas palavras:

    Só quem estende o reconhecimento da luta de classes até o reconhecimento da *ditadura do proletariado* é um marxista. Nisso consiste a diferença mais profunda entre o marxista e o pequeno-burguês vulgar. (Cito da edição Samonà e Savelli, 1972, p. 39.)

O comentário de Lenin termina deste modo:

    A essência da doutrina do estado de Marx só foi assimilada por quem compreendeu que a ditadura de uma classe é necessária não só para qualquer sociedade classista em geral, não só para o proletariado depois de derrubar a burguesia, mas também por todo um período histórico que separa o capitalismo da sociedade sem classes, do comunismo. As formas dos estados burgueses *são extraordinariamente variadas*, mas sua essência é uma só: todos estes estados são de um modo ou de outro, em última instância, necessariamente *uma ditadura da burguesia*. A transição do capitalismo para o comunismo, indubitavelmente, *não pode deixar de produzir grande número e grande variedade de formas políticas*, mas sua essência será inevitavelmente uma só: *a ditadura do proletariado*. (p. 40)

Para nossos fins, este trecho é importante porque, apesar de admitir que "as formas dos estados burgueses são extraordinariamente variadas" e que a transição para o comunismo "não pode deixar de produzir grande número e grande variedade de formas políticas", reconhece que, não obstante, o estado em sua essência é sempre ditadura de classe, no primeiro caso da burguesia, no segundo do proletariado. Como se vê, o que observei a propósito das frases em que se usa o termo "despotismo" vale do mesmo modo para as frases em que se usa o termo "ditadura", considerado sinônimo, ainda que o significado dos dois termos seja muito diverso (mas sobre isso veja-se o capítulo sucessivo): a relação fundamental de domínio, que deriva da forma de produção, em certo sentido é indiferente à forma de governo, ou, em outras palavras, a eventual descontinuidade das formas de governo não incide na continuidade da relação de domínio, uma vez que toda relação de domínio encontra sempre, enquanto não mudarem as relações sociais, isto é, as relações subjacentes às formas políticas, a forma de governo adequada à própria substância.

O desinteresse de Marx pelas formas de governo é confirmado por sua filosofia da história que, à diferença das filosofias da história precedentes (até Hegel), prescinde completamente das formas de governo para a determinação das etapas do desenvolvimento histórico. Já no século XVIII, na própria obra de Montesquieu, fora proposto um critério de partição dos vários momentos do desenvolvimento histórico que prescindia completamente das formas de governo e considerava exclusivamente a variedade dos sistemas econômicos. Refiro-me à distinção entre povos selvagens (caçadores), bárbaros (pastores), civis (agricultores), que o próprio Montesquieu acolhe e comenta, sem, no entanto, relacioná-la à tripartição das formas de governo:

> Entre os povos selvagens e os bárbaros, existe esta diferença: os primeiros são pequenas nações dispersas que, por algumas razões particulares, não podem reunir-se, enquanto os bárbaros são geralmente pequenas nações que podem reunir-se. Os primeiros são, em geral, povos caçadores, os segundos pastores. (Livro XVIII, Capítulo 11)

Em 1767, publica-se a obra do escocês Adam Ferguson, *An Essay on the History of Civil Society,* inspirada em muitas partes por Montesquieu, que descreve o desenvolvimento da humanidade nos três momentos de nações selvagens, bárbaras e civilizadas, com referência, antes de tudo, às instituições econômicas e particular atenção à propriedade. O nascimento da economia no século XVIII e da sociologia no século XIX contribuiu para que se considerasse a história do progresso civil da humanidade mais pelo lado do sistema econômico ou do sistema social do que pelo lado do sistema político. O critério adotado por Marx para dividir as várias épocas da história é, como bem se sabe, o da evolução das relações de produção, pelo qual a humanidade teria passado da sociedade escravista à sociedade feudal, da sociedade feudal à sociedade burguesa, e estaria destinada a passar da sociedade burguesa à sociedade socialista (em seguida, comunista). O que resta em Marx das filosofias da história precedentes é a interpretação substancialmente eurocêntrica da história, que relega o mundo oriental a um espaço à parte caracterizado pela imobilidade. Como se sabe, Marx considera, ao lado dos modos de produção escravista, feudal, capitalista, o "modo de produção asiático", sobre o qual escreve:

> O organismo produtivo simples destas comunidades autossuficientes [a saber, as comunidades agrícolas indianas], que se reproduzem constantemente na mesma forma e, quando por acaso são destruídas, reconstroem-se no mesmo lugar e com o mesmo nome, fornece-nos a chave para compreender o segredo da *imutabilidade* das *sociedades* asiáticas, que faz contraste tão visível com a constante dissolução e a constante reforma dos *estados* asiáticos e com a incessante mudança das dinastias. (*O Capital*, I, 2. Roma: Rinascita, p. 58.)

Com relação ao estado e sua evolução, o livro de Engels, já citado, sobre a origem da família e do estado, que resume e amplia as conclusões a que chegara o antropólogo americano Lewis Morgan no livro *The Ancient Society* (1877), apresenta uma linha de evolução da história da humanidade dividida em três momentos. Na origem, o homem se reuniu em grupos gentílicos que têm organização comunitária e familiar, não conhecem nem a propriedade nem a divisão do trabalho e não têm nada em comum com aquele tipo de organização social baseada na divisão em classes antagônicas e no domínio de uma classe sobre outra, que conhecemos com o nome de "estado". Na origem, pois, existe uma fase que podemos chamar "pré-estatal", que corresponde ao estado de natureza dos jusnaturalistas, ao estado das famílias de Vico, à idade dos selvagens de Montesquieu e seguidores. A esta fase sucede a fase do estado que dura até agora e é sob certos aspectos, em relação à fase pré-estatal, uma fase de decadência, de que a humanidade só poderá resgatar-se fazendo o salto qualitativo da fase do estado à fase da dissolução do estado, isto é, à fase pós-estatal, através do chamado "estado de transição" destinado a extinguir pouco a pouco as instituições políticas. Que Engels, sugestionado por Morgan, que exaltara a liberdade, a igualdade e a fraternidade das antigas *gentes*, considerasse à maneira de Rousseau a passagem das sociedades primitivas à sociedade dividida em classes como decadência e, portanto, como início de longo período de corrupção, por mais que possa soar áspero a nossos ouvidos, está escrito com palavras inteiramente explícitas no trecho que transcrevo em seguida:

> E esta constituição gentílica, com todas as suas puerilidades e com toda a sua simplicidade, é uma constituição maravilhosa! (Ed. Rinascita, p. 98)

E mais:

> Assim se mostravam os homens e a sociedade antes de ocorrer a divisão da sociedade em classes diversas. E se compararmos sua situação à da imensa maioria dos homens civilizados de hoje, enorme é a distância entre o proletariado ou o pequeno camponês de hoje e o livre membro da antiga *gens*. (p. 99)

Eis como Engels descreve idilicamente a vida dos povos primitivos (retomando o tema setecentista e rousseauniano do "bom selvagem"):

> Sem soldados, gendarmes e policiais, sem nobres, rei, lugares-tenentes, prefeitos ou juízes, sem prisões, sem processos, tudo segue seu curso regular. Todo litígio e toda disputa são decididos pela coletividade daqueles a quem a coisa interessa, pela *gens* ou pela tribo, ou pelas *gentes* individualmente entre si. [...] Se bem que os negócios comuns fossem bastante mais numerosos do que hoje (a administração é comum a uma série de famílias e é comunista; o solo é propriedade da tribo, só pequenas hortas estão provisoriamente confiadas às administrações domésticas), não é necessário, no entanto, nem mesmo sombra de nosso vasto e complicado aparelho administrativo. Os interessados decidem e, na maior parte dos casos, um costume secular já regula todas as coisas. Não pode haver pobres e necessitados: a administração comunista e a *gens* conhecem suas obrigações para com velhos, doentes e inválidos de guerra. Todos são iguais e livres, inclusive as mulheres. (p. 98)

Transcrevi por inteiro este trecho porque as características que Engels atribui às sociedades primitivas são as mesmas que toda a tradição marxista atribuirá à sociedade sem estado que deverá realizar o comunismo: ou seja, a falta de poder coativo e repressivo ("sem soldados, gendarmes" etc.), a falta de aparelho administrativo ("não é necessário nem mesmo sombra" etc.) – a falta de aparelho administrativo que, segundo Lenin, se dará quando até a cozinheira puder despachar os negócios de estado –, a falta de leis e sua substituição pelos costumes ("um costume secular já regula todas as coisas") e, por fim, a liberdade e a igualdade de todos ("todos são iguais e livres").

A fase do estado, portanto, é uma fase intermediária entre a fase pré-estatal já irremediavelmente passada e a fase pós-estatal ainda por vir. Mas como se articula esta longa fase do estado? Tanto Vico quanto Hegel, para dar os exemplos mais conspícuos de uma filosofia da história que abraça todo o curso histórico da humanidade, partiram de uma fase pré-estatal (o estado das famílias para Vico, os selvagens da África negra para Hegel), mas a seguir, quando tiveram de percorrer a fase do estado, recorreram, para dividir suas épocas, à distinção das formas de governo (república aristocrática, república democrática, monarquia – Vico; despotismo, república, monarquia – Hegel). Engels, não. Leiamos este trecho:

> O estado, porque nasce da necessidade de frear os antagonismos de classe, mas, ao mesmo tempo, nasce em meio ao conflito destas classes, é, em regra, o estado da classe mais poderosa, economicamente dominante, que por meio dele torna-se também politicamente dominante e assim adquire novo instrumento para submeter e explorar a classe oprimida. Assim como o estado antigo foi, antes de tudo, o estado dos proprietários de escravos para o fim de manter submetidos os escravos, também o estado feudal foi o órgão da nobreza para manter submetidos os camponeses, servos ou vinculados, e o estado representativo moderno é o instrumento para a exploração do trabalho assalariado por parte do capital. (p. 172)

Dos três tipos de estado que Engels enumera, só o terceiro, o estado representativo, pode ser considerado forma de governo. Os outros dois, o estado escravista e o estado feudal, são tipos de estado caracterizados não por sua forma de governo, mas pelo tipo de sociedade de que são o reflexo, ou melhor, pelo tipo de relações de produção (relação entre senhores e escravos, relação entre nobres e camponeses) que eles, como estados, têm a tarefa de perpetuar. Não é preciso mais, parece-me, para reafirmar que na teoria marx-engelsiana do estado as tipologias das formas de governo, que por séculos foram usadas para demarcar o ritmo da história, perderam qualquer valor.

Para terminar, existe em Marx um uso prescritivo da teoria das formas de governo? Em outras palavras, Marx se proporia, ao menos para o futuro estado, o problema da "melhor" forma de governo? Por mais que tanto Marx quanto Engels tenham sido sempre muito avaros de indicações sobre o arranjo do futuro estado, algumas sugestões podem ser extraídas, e foram efetivamente extraídas (pensemos no Lenin de *Estado e revolução* e dos escritos e discursos dos primeiros meses da revolução), das páginas que Marx escreveu sobre a experiência de governo da Comuna de Paris (março-maio de 1871). Costuma-se dizer que Marx retirou da experiência da Comuna a ideia de que o estado do proletariado, isto é, o estado como "domínio organizado do proletariado", contraporia à democracia representativa, própria do estado burguês, a democracia direta, isto é, a participação dos cidadãos nos vários locais em que se exerce o poder, não filtrada através de representantes mesmo livremente eleitos. A democracia direta havia sido o ideal de Rousseau, o qual, criticando o sistema representativo inglês, sentenciara que o povo inglês "acredita ser livre, mas se equivoca grandemente; só o é durante a eleição dos membros do parlamento; assim que estes são eleitos, volta a ser escravo, não é mais nada" (*Contrato Social*, III, 15). É provável que Marx tivesse em mente a democracia no sentido rousseauniano quando, na juvenil *Crítica da Filosofia do Direito Público de Hegel*, contrapõe ao ideal hegeliano da monarquia constitucional o ideal da democracia, sobre a qual diz ser "o enigma resolvido de todas as constituições". É certo que, fazendo o elogio do governo da Comuna, exemplar apesar de sua realidade efêmera, Marx tende a destacar, sobretudo, o exercício direto do povo nas várias instâncias do poder estatal, nas várias funções de governo. De fato, depois de dizer que a Comuna foi a antítese direta do Império (isto é, da forma de estado que lhe sugerira as páginas sobre o "bonapartismo"), Marx enumera alguns traços do breve governo da Comuna que lhe parecem uma inovação radical em relação às formas de governo precedentes. Estes traços são: 1) supressão do exército permanente, substituído pelo povo armado; 2) eleições por sufrágio universal dos conselheiros municipais, responsáveis e revogáveis a qualquer momento, e transformação da Comuna em lugar de trabalho ao mesmo tempo executivo e legislativo; 3) retirada das atribuições políticas da polícia e sua transformação em instrumento responsável perante a Comuna; 4) idem para a administração pública, com drástica redução dos estipêndios (ao nível do salário de operário); 5) dissolução e expropriação de todas as igrejas como entidades proprietárias; 6) abertura gratuita ao povo de todos os institutos de instrução; 7) eletividade de magistrados e juízes, responsáveis e revogáveis como todos os outros funcionários públicos. O exemplo da Comuna de Paris deveria estender-se a todos os municípios franceses, de modo que o velho governo centralizado deveria dar lugar ao "autogoverno dos produtores". Dos municípios deveriam dirigir-se até o centro os delegados da periferia para tratar dos assuntos de interesse nacional, mas de tal modo que não se reconstituísse um parlamento central soberano e, sim, só se formasse um lugar de encontro dos delegados locais para a discussão das questões nacionais. Parece-me que os temas principais da "melhor" forma de governo, segundo Marx, podem ser resumidos deste modo: a) supressão dos chamados "corpos separados" (como exército e polícia) e sua transformação em milícias populares; b) transformação da administração pública, da "burocracia" (contra a qual Marx escreveu desde a juventude páginas ferozes), em corpo de agentes responsáveis e revogáveis a serviço do poder popular; c) ampliação do princípio da eletividade e, portanto, da representação (de todo modo, sempre revogável) a outras funções, como a de juiz; d) eliminação da vedação de mandato imperativo (que era instituto clássico das primeiras constituições liberais) e instituição para todos os eleitos do mandato imperativo, isto é, da obrigação de ater-se às instruções recebidas dos eleitores sob pena de revogação (onde existe a vedação de mandato imperativo, como por exemplo em nossa constituição, art. 67, o eleito pode não ser reeleito, mas não pode ser destituído por toda a duração da legislatura); e) ampla descentralização, capaz de reduzir ao mínimo o poder central do estado.

Sobre estas sumárias indicações de Marx derramaram-se rios de tinta. Aqui basta dizer que o que Marx propõe não é tanto a democracia direta, no sentido próprio da palavra, isto é, a forma de democracia em que cada qual participa pessoalmente da deliberação coletiva (como sucede no referendo), mas a democracia eletiva com revogação do mandato, isto é, a forma de democracia em que o eleito tem mandato limitado às instruções recebidas dos eleitores e é destituído em caso de inobservância. As indicações sumárias, mas incisivas, de Marx foram celebrizadas pela inspiração que nelas buscou Lenin no fogo da revolução: um capítulo de "Estado e revolução" está dedicado a comentar as páginas marxianas sobre a Comuna. Nestas páginas Lenin vê "a substituição grandiosa de um tipo de instituição por instituições diversas em princípio", ou seja, uma democracia "realizada tão integral e coerentemente" que transforma a "democracia burguesa" em "democracia proletária" e, mesmo, o "estado (força especial para a repressão de uma classe determinada") em "algo que não é mais propriamente um estado" (ed. cit., p. 50). Certamente, para Marx a melhor forma de governo é, à diferença de todos os escritores precedentes, a que inicia o processo de extinção de toda possível forma de governo, isto é, permite a transformação da sociedade estatal em sociedade não mais estatal. A esta melhor forma de governo corresponde aquele estado que o próprio Marx chama "estado de transição" (isto é, de transição do estado ao não-estado) e é, do ponto de vista do domínio de classe, o período da "ditadura do proletariado". Para dizê-lo com as mesmas palavras que Marx usa na *Crítica ao programa de Gotha*:

> Entre a sociedade capitalista e a sociedade comunista há o período da transformação revolucionária de uma na outra. A ele corresponde também um período político de transição, cujo estado só pode ser *a ditadura revolucionária do proletariado*.

Ou, com as palavras de Engels (ainda uma citação, a última), o qual, na introdução a uma reedição dos escritos marxianos sobre a guerra civil na França, conclui assim:

Recentemente, o filisteu social-democrata mais uma vez sentiu-se tomado de salutar terror ao ouvir a expressão: ditadura do proletariado. Pois bem, senhores, querem saber como é esta ditadura? Olhem para a Comuna de Paris. Esta foi a ditadura do proletariado. (Citado de Marx-Engels, *Il partito e l'internazionale*. Roma: Rinascita, 1948. p. 142.)

Capítulo XIV

Intermezzo sobre a ditadura

Como vimos no capítulo precedente, "despotismo" e "ditadura" são usados, na linguagem marxiana, como sinônimos nas duas expressões "despotismo de classe" e "ditadura de classe". Mas "ditadura", como já se disse, terminou por prevalecer, tanto que hoje, não só na linguagem comum mas também na linguagem técnica, dos três termos que a tradição nos legou para indicar governo absoluto, exclusivo, pessoal, moral e juridicamente condenável, "tirania", "despotismo", "ditadura", os dois primeiros caíram em desuso e, ao contrário, o terceiro é continuamente empregado e até aplicado às mais diversas situações. Começou-se a falar de ditadura a propósito do fascismo italiano, depois do nazismo alemão, em seguida do stalinismo e, depois ainda, gradativamente, de todos os regimes, até o dos coronéis gregos e o do general Pinochet no Chile, em que o regime constitucional precedente foi varrido com a força e, após a conquista do estado por parte de um grupo armado, o poder continua a ser exercido com a violência, suprimidas todas as liberdades civis e políticas.

Em 1936, Elie Halévy podia definir a época em que vivia como *l'ère des tyrannies*, mas hoje ninguém usaria mais esta expressão para definir o período de vinte anos entre as duas guerras mundiais: os regimes que Halévy chamava (talvez mais apropriadamente segundo o uso histórico) "tiranias" já passaram à história com o nome de "ditaduras".

Também "ditadura" é, como tirania e despotismo, termo que nos vem da antiguidade clássica, ainda que do mundo romano e não do grego. Chamou-se *dictator*, em Roma, um magistrado extraordinário, instituído por volta de 500 a.C. e vigente até o fim do terceiro século antes de Cristo, que era nomeado por um dos cônsules em circunstâncias extraordinárias, como podiam ser uma situação de guerra (*dictator rei publicae gerundae causa*) ou um sufocamento de rebelião (*dictator seditionis sedandae causa*). Dada a excepcionalidade da situação, ao ditador eram atribuídos poderes extraordinários, que consistiam, sobretudo, no cancelamento da distinção entre *imperium domi*, que era o comando (soberano) exercido dentro dos muros da cidade e, como tal, submetido a limites que hoje diríamos constitucionais, como a *provocatio ad populum*, e *imperium militiae*, que era o comando exercido além dos muros e, como tal, caracterizado pela ausência de qualquer limite de natureza constitucional. À excepcionalidade do poder do ditador servia de contrapeso seu caráter temporário: o ditador só era nomeado pelo tempo de duração da tarefa extraordinária que se lhe atribuíra e, de todo modo, por não mais do que seis meses e não mais do que o tempo de duração das funções do cônsul que o nomeara. O ditador, pois, era certamente um magistrado extraordinário, mas perfeitamente legítimo, porque sua instituição estava prevista pela constituição e, fosse como fosse, seu poder extraordinário estava justificado pelo "estado de necessidade" (o estado de necessidade é juridicamente "fato normativo", isto é, fato capaz de suspender situação jurídica precedente e de estabelecer situação jurídica nova). As características da ditadura romana podem ser resumidas brevemente deste modo: a) estado de necessidade, com relação à legitimação; b) excepcionalidade de poderes, que consiste, sobretudo, na suspensão das garantias constitucionais ordinárias; c) unidade de comando (o ditador é sempre um indivíduo cujo poder faz desaparecer toda forma de poder colegiado); d) caráter temporário da função. Assim, a ditadura é uma magistratura democrática, com poderes extraordinários mas legítimos (isto é, constitucionais), e limitada no tempo. Estas características permitem-nos distinguir conceitualmente a ditadura da tirania e do despotismo, que na linguagem corrente, repetimos, muitas vezes se confundem. A tirania é monocrática, tem poderes extraordinários mas não é legítima nem necessariamente temporária. O despotismo é monocrático, tem poderes excepcionais, é legítimo mas não é temporário (ao contrário, é um regime de duração muito longa). Todas estas três formas têm em comum o caráter monocrático e absoluto do poder, mas tirania e ditadura diferenciam-se com base na legitimidade (a ditadura tem base de legitimidade que a tirania não tem); despotismo e ditadura diferenciam-se quanto ao fundamento de legitimidade (que é histórico-geográfico para o despotismo, o estado de necessidade para a ditadura). Por fim, a ditadura diferencia-se seja da tirania, seja do despotismo pela temporariedade.

A natureza temporária da ditadura, precisamente, é que fez com que tenha sido sempre caracterizada, em relação à tirania e ao despotismo, como forma *positiva* de governo e, portanto, jamais tenha sido confundida com as formas corrompidas ou negativas, como pode ser demonstrado por estas rápidas referências históricas, para as quais me sirvo de dois autores já conhecidos, Maquiavel e Bodin, e de Rousseau (que é o grande ausente deste nosso curso).

Em capítulo dos *Discursos* (Livro I, Capítulo XXXIV), intitulado significativamente "A autoridade ditatorial fez bem, e não mal, à república romana", Maquiavel refuta inicialmente os que sustentaram ter sido a ditadura causa, "com o tempo, da tirania de Roma". A causa da tirania (referência a César) não foi a ditadura em si mesma, mas o prolongamento da função de ditador além dos limites estabelecidos: sabe-se que Silas foi o primeiro a se fazer atribuir uma ditadura especial (*rei publicae constituendae*) e perpétua (que, de resto, exerceu de 82 até 79 a.C.) e César se fez nomear ditador por tempo indeterminado em 48 a.C. e, em seguida, em 46, ditador anual pela duração de dez anos. Desaparecendo sua característica peculiar, que era a temporariedade, a função da ditadura ficava turvada.

Deste traço peculiar Maquiavel está perfeitamente consciente e destaca-o com a perspicácia costumeira:

> O Ditador era designado de modo temporário, e não perpétuo, e só para obviar o motivo pelo qual fora criado; e sua autoridade compreendia o poder de deliberar por si mesmo sobre os remédios para tal perigo urgente, e fazer qualquer coisa sem consulta, e punir cada qual sem apelação; mas não podia fazer nada que implicasse *diminuir o estado*, como retirar a autoridade ao Senado ou ao Povo, desfazer as velhas leis da cidade e fazer novas. (*Discorsi*, Livro I, Capítulo XXXIV.)

Acima de tudo, Maquiavel sublinha neste trecho, como já observou Carl Schmitt (*La dittatura*. Bari: Laterza, 1975. p. 19.), um aspecto do poder do ditador, ao qual voltarão todos os apologistas desta instituição, a saber, que o ditador não pode fazer nada que implique "diminuir o estado", o que significa que seu poder está limitado à função executiva e não se estende à função legislativa, ou que, em outras palavras, o ditador tem o poder de suspender momentaneamente as leis vigentes, mas não tem o poder de modificá-las e muito menos modificar a constituição do estado. Como se disse, o juízo que Maquiavel dá sobre a ditadura romana é altamente positivo:

> E vê-se que o Ditador, uma vez instituído segundo os ordenamentos públicos e não por autoridade própria, sempre fez bem à cidade, porque lesam as repúblicas os magistrados que se instituem e as autoridades que se estabelecem por vias extraordinárias, não os que vêm por vias ordinárias. Como se viu acontecer em Roma por tanto tempo, nenhum Ditador fez algo que não fosse o bem da república. (*Ibidem*)

No capítulo sétimo, já mencionei o exemplo dado por Bodin do ditador romano para distinguir entre o poder soberano e o poder não soberano com base na característica da perpetuidade. Como um dos traços da soberania é a perpetuidade, o ditador romano, por ser magistrado por tempo determinado, não podia dizer-se detentor do poder soberano (que, ao contrário, pertencia àquele ou àqueles que nomeavam o ditador). Cito textualmente:

> Daí se evidencia que o ditador romano não era nem príncipe nem magistrado soberano, como muitos escreveram, e só dispunha de comissão com fim preciso, conduzir uma guerra, reprimir uma revolta, reformar o

estado ou instituir novos magistrados; quando, ao contrário, a soberania não é limitada com referência a poder, encargos e termos de tempo. (Livro I, Capítulo VIII)

Também Bodin, como Maquiavel, àqueles que opunham à benignidade desta magistratura o exemplo de Silas responde que "não se tratava nem de lei nem de ditadura, mas de cruel tirania", e, apesar disso, o próprio Silas deixou a função depois de quatro anos, tendo sempre permitido aos tribunos a liberdade de oposição. Falando de "comissão com fim preciso", Bodin destaca bem que uma das características da ditadura não é só a limitação no tempo, mas também a limitação na extensão do poder, e que esta limitação consiste no fato de que o ditador, como bem vira Maquiavel, exerce seu poder no âmbito da função executiva e não no da função legislativa.

Rousseau dedica todo um capítulo do *Contrato Social* à ditadura. Parte da adequada consideração de caráter geral (Rousseau, à diferença dos escritores políticos e históricos, como Maquiavel e Bodin, sempre parte de posições de princípio) de que as leis não podem prever tudo e, portanto, podem ocorrer casos excepcionais em que convém suspender momentaneamente sua efetividade. "Nestes casos raros e evidentes, cuida-se da segurança pública – ele afirma – por ato especial, que remete a responsabilidade ao mais digno". Esta delegação pode acontecer de dois modos, ou aumentando a autoridade do governo legítimo, e neste caso não se altera a autoridade das leis mas só a forma de sua administração, ou então, quando o perigo for de tal ordem que o aparato legal constitua obstáculo à ação, nomeando um chefe supremo (e é o caso do ditador) que "faça calar todas as leis e suspenda momentaneamente a autoridade soberana":

> Deste modo, a suspensão da autoridade legislativa de modo algum a abole; o magistrado, que pode fazê-la calar-se, não pode fazê-la falar; domina-a, sem poder representá-la; pode fazer tudo, exceto leis. (Livro IV, Capítulo VI)

Como se vê, Rousseau insiste particularmente no caráter meramente executivo da ditadura, dizendo que o ditador pode fazer calar as leis (isto é, suspender temporariamente sua validade), mas não pode fazê-la falar, ou seja, não tem o poder de emitir novas leis. De fato – conclui – o ditador pode fazer tudo, "exceto leis". O outro ponto em que Rousseau se detém é a temporariedade. Na conclusão do capítulo escreve:

> De resto, qualquer que seja o modo pelo qual este importante encargo for conferido, é necessário estabelecer sua duração em prazo brevíssimo, que em nenhum caso possa ser prolongado; nas crises que tornam necessário tal encargo, o estado é rapidamente destruído ou salvo; e, passada a necessidade urgente, a ditadura torna-se tirânica ou inútil. (*Ibidem*)

Contudo, a história da ditadura "executiva", como vimos por meio de Maquiavel, Bodin e Rousseau, é só uma parte da história desta magistratura. Agora é preciso fazer referência à segunda parte desta história para esclarecer o conceito de ditadura da literatura marxista. Como já mencionei no capítulo sobre Bodin, Carl Schmitt parte da definição da ditadura como "comissão" e da contraposição que o próprio Bodin faz entre perpetuidade do poder soberano e temporariedade do poder ditatorial, para chamar a ditadura tradicional de "ditadura comissária" e para distingui-la de outra forma de ditadura que abre caminho com a Revolução Francesa e que ele chama, por não ser só comissária ou executiva, "soberana". Schmitt explica que, enquanto a ditadura comissária limita-se a suspender em concreto a constituição precisamente para defender sua existência, a "ditadura soberana vê em todo o ordenamento existente um estado de coisas a ser cancelado completamente com a própria ação" e, portanto, "não suspende uma constituição vigente apoiando-se num direito contemplado por ela e por isso mesmo constitucional, mas visa a criar um estado de coisas no qual seja possível impor uma constituição considerada como a autêntica" (Op. cit., p. 149). Também a ditadura soberana (que Schmitt chama assim porque o ditador neste caso tem o poder soberano e não só o de um comissário) nasce em estado de necessidade e propõe-se desde o início ser um poder excepcional e, portanto, por sua natureza temporário (e por isso, apesar de tudo, cabe-lhe o nome de "ditadura"), mas a tarefa que lhe é atribuída ou que se atribui é muito mais ampla: não é só a de sanar uma crise parcial do estado, como pode ser uma guerra e uma revolta, mas a de resolver uma crise total, isto é, uma crise que põe em questão a existência do estado, como pode ser uma guerra civil, que se costuma chamar de "revolucionária". Enquanto o ditador comissário permanece nos limites da constituição, o ditador soberano põe em jogo toda a constituição preexistente e atribui-se a tarefa extraordinária de criar outra nova. O ditador comissário é *constituído*, o ditador soberano é *constituinte*. O primeiro é investido do próprio poder pela autoridade constituída; o segundo é produto de autoinvestidura (ou de investidura simbolicamente, mas só simbolicamente, popular). O caso exemplar que Schmitt cita de ditadura soberana é o da Convenção Nacional que decidiu, em 10 de outubro de 1793, suspender a constituição de 1793 (que não voltou mais a vigorar) e estabeleceu que o governo provisório francês seria "revolucionário" até que se alcançasse a paz. O grande historiador da Revolução Francesa, Georges Lefebvre, apresenta sinteticamente os elementos essenciais do "governo revolucionário", com que a revolução respondeu ao perigo externo e interno, escrevendo que este governo "foi juridicamente concebido como regime provisório destinado a defender a revolução contra o inimigo interno e o externo por meio de providências excepcionais que suspenderam os direitos do homem e do cidadão (*La rivoluzione francese*. Turim: Einaudi, 1958. p. 364.). Sobre a continuidade entre a ditadura clássica ou comissária e a ditadura soberana, e neste caso revolucionária (mas uma ditadura soberana pode ser também contrarrevolucionária), não há dúvida: também esta última apresenta com grande relevo as duas características de excepcionalidade da situação e temporariedade, ainda que se trate de temporariedade cujos limites não são preestabelecidos. De resto, excepcionalidade e temporariedade são dois atributos estreitamente conexos: uma situação excepcional é por princípio pressuposta como temporária. Um governo excepcional, como um governo revolucionário, é sempre, em seu surgimento, um governo provisório (ainda que, de fato, a provisoriedade afinal esteja destinada a prolongar-se no tempo, isto é, a transformar-se, e não pareça jogo de palavras, em provisoriedade permanente). O que diferencia a ditadura soberana da ditadura comissária é, antes de tudo, a perda da monocraticidade: a ditadura jacobina, embora nela se destaque a figura de Robespierre, não é a ditadura de uma pessoa, é a ditadura de um grupo revolucionário, concretamente o Comitê de

Salvação Pública. Esta dissociação entre o conceito de ditadura e o conceito de poder monocrático, que ocorre através da interpretação do governo provisório revolucionário como ditadura, assinala a passagem do uso clássico do conceito ao uso marxiano, engelsiano e leniniano, que introduziu e divulgou as expressões "ditadura da burguesia" e "ditadura do proletariado", entendendo com isso o domínio exclusivo não de uma pessoa nem de um punhado de pessoas, mas de toda uma classe social. A segunda e mais importante característica que distingue a ditadura comissária da ditadura soberana é a extensão do poder, que não é mais só poder circunscrito à execução de um comando, ainda que extraordinário, mas se estende ao poder de introduzir novas leis ou até nova constituição, mesmo que no caso específico o governo revolucionário francês tenda a apresentar-se como ditadura no sentido clássico da palavra e, portanto, como governo que não abole, mas suspende excepcional e provisoriamente as garantias constitucionais. Deve-se também dizer que, por mais que em abstrato a diferença entre ditadura comissária e ditadura soberana, que é afinal a diferença entre ditadura clássica e ditadura moderna, entre ditadura constitucional e constituída e outra ditadura extraconstitucional e constituinte, seja clara, de fato os limites entre uma e outra nem sempre são fáceis de estabelecer. O que me parece indiscutível é que, do ponto de vista da ditadura clássica, a ditadura soberana, não importa se revolucionária ou contrarrevolucionária, não é mais ditadura, mas diversa forma de governo a que os clássicos deram o nome (legado como nome odioso e, portanto, não bem aceito pelos ditadores modernos) de "tirania". Quando o ditador, aproveitando-se do poder que lhe é confiado, apodera-se de poder maior do que aquele que lhe tiver sido atribuído, isto é, apodera-se do poder soberano, para um escritor clássico não é mais ditador, mas tirano (que o ensinem Silas e César, segundo o que aprendemos com Maquiavel).

Um passo além na história da ditadura moderna, que antecipa diretamente a teoria marxiana e leniniana da ditadura, é o que nos fazem dar os desafortunados precursores de uma revolução não mais burguesa, mas socialista e igualitária, Babeuf, Buonarroti e companheiros, os protagonistas da Conspiração dos Iguais (9-10 de setembro de 1795). No livro

Filippo Buonarroti e os revolucionários do século XIX, o historiador A. Galante Garrone escreve que, no estado atual das pesquisas, parece que os Iguais se decidiram "por um governo revolucionário de poucos homens, apoiado pelo favor popular e investido de poderes ditatoriais inclusive no período sucessivo à insurreição, até a instituição de uma ordem constitucional estável" (Turim: Einaudi, 1951, p. 312.). O mesmo autor, tentando precisar o pensamento de Buonarroti (que se tornará no fim de sua vida o historiador e o teórico da seita, com o livro *Conspiration pour l'égalité dite de Babeuf*, 1830, do qual existe recente tradução italiana, com introdução de G. Manacorda, Turim: Einaudi, 1971), escreve que em Buonarroti era muito nítida "a ideia de que à revolução deve seguir-se um período transitório em que os poderes sejam assumidos ditatorialmente pelos pouquíssimos homens que chefiaram a revolução; e que, devendo ser esta uma revolução não só política, mas social, e, aliás, a última das revoluções, a ditadura revolucionária deve durar até que se fundem e consolidem as novas instituições igualitárias" (p. 313). Em breve texto de Buonarroti, reproduzido por Galante Garrone em apêndice, as teses da ditadura para o povo (ou *sobre* o povo?) expressam-se de maneira clara a ponto de parecer provocadora (para quem pensa em grande parte da história do movimento operário até Lenin). Traduzo trecho extremamente significativo:

Para superar estas dificuldades [isto é, as dificuldades que se opõem à revolução], é necessária a força de todos. *Mas esta força geral não será nada, se não for dirigida por uma vontade forte, constante, iluminada, imutável.* [...] Pode-se ter liberdade no dia seguinte ao da insurreição? Não, dela só se pode ter fundada esperança. [...] *Muitas reformas são necessárias antes que a vontade geral possa ser emitida e reconhecida.* Antes que estas reformas sejam realizadas, o povo não pode nem perceber nem declarar a vontade geral. (p. 495-6, *grifos meus*)

E esta é a conclusão:

A experiência, pois, demonstrou: 1. que reis e privilegiados são maus dirigentes das revoluções populares; 2. que o povo é incapaz de regenerar-se por si mesmo e de designar as pessoas que devem dirigir sua regeneração; 3. que, antes de pensar em constituição e leis fixas, *deve-se estabelecer um governo reformador ou revolucionário em bases diferentes daquelas de uma liberdade regular e pacífica*. Como se organizará o governo revolucionário dos *sábios* que se conseguirá fazer bem recebido pelo povo? Será preciso dar a ele organização correspondente às funções que deve cumprir. Estas funções são de natureza diferente: deve dirigir toda a força nacional contra os inimigos externos e internos; deve criar e estabelecer as instituições por meio das quais o povo será conduzido, imperceptivelmente, a exercer realmente a soberania; deve *preparar a constituição* popular que deve completar e concluir a revolução. (p. 497-8, *grifos meus*)

Se já não estivesse claro por todo o trecho, nada melhor do que esta última tarefa, "preparar a constituição", para confirmar a natureza específica da ditadura soberana, isto é, da ditadura que reivindica para si o poder primário, de que dependem todos os outros poderes, e, portanto, é o poder soberano por excelência, o poder constituinte. Mas não esgotaria o comentário se não observasse que, a partir de algumas expressões, como aquela em que se fala de vontade "iluminada" ou aquela em que se chama de "sábios" os homens do governo revolucionário, vem-nos a sugestão de aproximar a ideia da ditadura revolucionária à do despotismo iluminado, que também teve curso, como vimos, entre alguns "sábios" da era iluminista. Parece-me fora de dúvida que há um nexo entre o despotismo em sua acepção positiva e a ditadura que sempre teve conotação positiva. E se também há nexo com a "tirania" deixo de bom grado o juízo ao "tribunal da história" (como diria Hegel).

Este livro foi impresso pela Gráfica Paym
em fonte Garamond Premier Pro sobre papel Book Creamy 70 g/m²
para a Edipro no inverno de 2020.